自白の理由

冤罪・幼児殺人事件の真相

里見繁 著

インパクト出版会

目次

はじめに――やってなくても、人は自白する

「冤罪はどんな推理小説よりもおもしろい」と言った人がいる。冤罪に巻き込まれた当事者の心情を考えると、やや不謹慎な言い方かも知れないが、私自身、それに似た気持から冤罪の取材にのめり込んでいった、というのも事実である。

テレビドキュメンタリーの記者として、冤罪を取材するようになって一五年になる。

これまでに十本近く冤罪に関するテレビ番組を制作した。確かに、冤罪には「謎解き」あるいは「法廷の駆け引き」の要素があって、検察と弁護人の知恵競《くら》べを興奮しながら取材したことは何度もある。しかし、取材を重ねる中で、(それぞれの冤罪は、事件の中身も違うし、冤罪に巻き込まれた人々の立場やその状況も実に様々だが) これだけは、すべての冤罪に共通していると実感したのは、

「冤罪はその人の人生を根こそぎ奪う」

という事実である。そしてまた、

「国家はひとりの人間の自由や生命を、間違って奪い取ってしまうことがある。しかし、もしそれ

が判明しても、決して責任は取らない」

という不条理であり、その恐ろしさである。さらにもう一点、これはすべてとは言えないが、多くの冤罪事件に共通しているのは、「嘘《うそ》の自白」である。

「人はなぜ、やってもいない犯罪を自白してしまうのか」

というのは冤罪を取材していると、いつも出くわす素朴な疑問だ。

「やっていないなら、自白するはずがない」

と普通は考える。しかし、多くの冤罪被害者をインタビューする中で、たどり着いた結論は、

「警察がその気になれば、誰もが自白させられてしまう」

という暗い確信である。自白は、それを唯一の証拠として有罪にすることはできない、と法律で定められているが、この国の実務では、今も昔も、「自白は証拠の女王」である。自白以外に有力な証拠がないにもかかわらず、有罪とされた例はいくらでもある。

ほとんどの場合、嘘の自白が冤罪への入口になる。自白を取ることこそが捜査だ、と考えている刑事が非常に多いと言われている。自白さえ取れば、公判を維持できる、という裁判の仕組にも問題はある。

これより本書で述べる冤罪も、二〇〇一年に一時間のテレビ・ドキュメンタリーとして放送したものだが、やはり「嘘の自白」が冤罪の発端となった。

「浜松でも冤罪があるんです。取材してみませんか。」

別の冤罪事件の取材中に知りあった静岡大学の笹原恵先生からそう言われたのは、もう八年前のことになる。

男が付き合っていた女性の幼い次男を、結婚の邪魔になると考えて、風呂の湯船で溺れさせて殺害した。残虐なせっかん死だった。

浜松では地元のテレビや新聞はもちろん、東京からワイドショーのレポーターが、連日のように押し寄せた。

わたしも事件の大まかな内容は記憶にあった。

「自白はあるんですか」

と聞いた。

「初めは否認だったんですけれど、途中から自白に転じて、その後また否認したと聞いています。公判では初めから無罪を主張しています。」

「よくある形ですね。」

「よくある形ですけれど、変なことが一つあるんです。」

「何ですか。」

「女性の方も自白しているんです。」

「共犯ですか。」

「女性の方は起訴もされていないのです。」

女性とは、男と付き合っていたその人で、殺された幼児の母親ということになる。それにこの女性の自白は、裁判の途中まで検察によってひた隠しにされていたのだという。何か入り組んだ事情がありそうだ、そう直感した。

笹原先生から話をうかがった時点では裁判はすでに確定し、本人は獄中にあった。そして、刑務所の中から無実を訴えて、冤罪の支援団体などに手紙を送っては助けを求めていた。

河合利彦さん、事件発生当時は三二歳だった。

その後、笹原先生から資料を送っていただいたりしながら取材の準備を進めていたが、河合さんの出所の日にはわたしは別の取材と重なっていくことができず、同僚の記者に代わってもらった。カメラクルー一班が同行した。さらに、その後も何やかやと別の番組にかかわっているうちに機会を失い、結局、わたしが初めて河合さんにお目にかかったのは出所から一年近くも経ってからのことだった。

河合さんは出所の当日、浜松市内で記者会見を開き、「再審をして無実を証明します」と宣言した。地元ではニュースにもなり、わたし自身もその映像素材は見ていたが、その気持にいまも変化はない

出所の日、黒羽刑務所前での撮影風景

のだろうか、というのが一番の気掛かりだった。塀の外の生活に慣れ、獄中で貯えたエネルギーが薄れているのではないかと危惧した。本人にその気がなければ、この取材は取りやめざるを得ない。

しかし、それは全くの杞憂だった。刑務所という身体の束縛よりも、冤罪を背負ったまま生きるという心の枷《かせ》の方がずっと重いのだと、河合さんの話を聞くなかで、思い知った。

「私の第二の人生は、再審で無罪判決をもらった日から始まるのです。」

河合さんの意志は強固だった。

その日のうちに、顔を出して実名でテレビに出ることを了解してもらい、私の方は大まかな取材予定をその場で立て、三カ月後の放送になるでしょうと河合さんに伝えた。

このようにして「冤罪・河合事件」の取材は始まった。冤罪の取材はいったん始めたら最短でも五年から十年はかかる。テレビでの放送はその一回目の経過報告に過ぎない。実際、私の河合事件の取材はもう六年を過ぎた。その意味では本書もまた、経過報告の一つといえる。最終の報告がいつになるのかは、わからない。しかし、それが無罪報告になることは間違いない、そう確信している。

序章　一四七人の自白調書

一四七人の自白調書

「冤罪」という言葉はどこか非現実的で、普通の人々の日常生活にはあまり関係がないように思える。また、遠い昔の出来事で、現代ではそんなことは起こり得ないと考えている人が多い。

しかし、犯してもいない犯罪の犯人として逮捕され、無理矢理自白を取られ、捏造された証拠によって有罪判決を受けるという事態は痴漢冤罪の例もあるように、現実に、我々のまわりで、日々起きている。

ところが、誰もが、自分だけはそんな事に巻き込まれることはないと思っているし、また、自分だけは犯してもいない罪を簡単に自白したりはしない、自分はそんなに弱い人間ではないと思っている。

しかし、実際に冤罪に巻き込まれた人の多くが、逮捕される直前までは正しくそのように考えていた人たちなのだ。

本書では浜松で発生した幼児の虐待死についての冤罪事件（河合事件）を紹介させて頂くが、その前に、ある別の冤罪事件を短く紹介する。

この事件は、人がいかに簡単に嘘の自白をしてしまうかを我々に教えてくれる。「簡単に」というのは語弊がある。自白をさせられた人々にとっては、人格をズタズタに引き裂かれた末の苦汁に満ちた選択だったと言える。警察の取り調べに対して実に一四七人全員が、全く犯していない犯罪を「自白」した。

警察と検察がその気になれば、人は誰でも嘘の自白をしてしまう。冤罪から逃れることはできない。

一九八六年、大阪府高槻市でその事件は起きた。

司法の世界では「選挙違反に冤罪なし」と言われている。

これは選挙違反事件である。

八六年夏は衆参ダブル選挙だった。

参議院大阪選挙区で自民党は大阪府議会議員の京極俊明氏を公認候補にした。大阪の自民党の将来を担うホープと言われたが、やや知名度に欠けた。この時にはタレント候補の西川きよし氏が同じ選挙区から出馬していた。関西のお笑いの世界の人気者で、圧倒的な知名度で選挙に臨んだ。結果は西川氏に保守票を食われ、京極氏は次点に涙を呑んだ。

投票の翌朝七時頃、高槻市の静かな住宅街に建つ高槻市議会議員平野一郎氏の自宅前に数人の男が立った。インターホンが鳴った時、平野氏は前夜遅くまでテレビの開票速報を見ていたために、まだ起きて間もなかった。「どなたですか」と聞くと、「警察のもんや」と返事が返ってきた。

それが事件の始まりだった。

平野氏の容疑は公職選挙法違反。後の裁判での検察の起訴状によれば、

一、この年の三月下旬、高槻市の市議会議員平野一郎氏は、京極氏の票の取りまとめのために自分の後援会の役員を自宅に招き、出席した二七人に現金三万円と菓子を渡した

二、さらに同じ目的のために四月に三回に分けて、合計一四三人の後援会の人々を高槻森林観光センターで接待し、その場で京極氏に挨拶をさせた

というものだった。

警察は投票の翌朝から平野氏に対して取り調べを開始すると同時に、宴会に出席した後援会の人々を次々に大阪府警に呼び出し、同じように取り調べを行った。

平野氏が取り調べ室での刑事の言葉を思い出しながら語った。

「大阪府警は奈良の大仏さんにでも物を言わすんやぞ。認めて早《は》よ帰ってビールでも飲んだらどや。交通違反起こしても、二万やそこらの罰金払わないかんのや。」

平野氏は三月には役員会などなく、全くの事実無根、また四月の宴会は親睦会であり京極氏はその場には来ていないと主張した。

しかし、そんな事に耳を貸す警察ではない。取り調べ室では、後援会の役員に対しては、「平野の

うちへ行っただろう。そこで菓子折りをもらっただろう。その箱の底には一万円札が入っていただろう。何枚あったんだ」という質問が繰り返された。また他の後援会の人々に対しては、「宴会で飲ませてもらったんだろう。その席に京極がいたはずだ。どの辺に座ったんだ」という質問が浴びせられた。

七月七日から始まった取り調べは夏の暑い盛りに延々と続いた。一〇〇人を超える人が次々に大阪府警本部に呼び出された。毎日一〇時間以上、エアコンもない狭い取り調べ室で二人の刑事に両側から挟まれ、怒鳴られ、時には小突かれる。すぐに下着がベトベトになり、汗が絞れるほどになったという。

平野氏はこの時六六歳。大柄ででっぷりとしている。保守系無所属だが議長を務めた経験もあり、地元では名士の一人だった。取り調べを受けた後援会の人々の多くも、地元の事業経営者だったり、古くからこの地に住む裕福なお百姓さんだった。取材で何人かを訪ねたが、立派な門構えに手入れの行き届いた庭のある古い屋敷が多かった。

そんな年配者が取り調べ室ではバカ呼ばわりされたり、土下座をさせられる。ある人は壁に背をつけて両手を上に掲げて「ミーンミーン」と蝉の真似をさせられた。そして奥さんの名前を言いながら「私は悪い事をしました」と何回も言わされたという。この人は、「七〇年の人生の中でこれ以上の屈辱はなかった」と涙ながらに語った。

「他の人はもう自白している」というのが捜査員の殺し文句だった。否認すると翌日また呼び出される。認めると調書を作ってくれる。その話が地域の中に広まって、否認を続ける人の家に電話がかかってくることもあった。

「あんた、もうええ加減にしときぃ。」

がんばって否認を続ける人が、かえって事件を長引かせているかのような雰囲気まで生まれた。

こうして七月七日から八月一三日までの間に一四七人全員が自白調書を取られた。調書の作成に当たって、検事六人、捜査員四二人が動員された。

八六年八月、平野氏と他の二七人が公職選挙法違反の罪で起訴された。そして残りの一一九人は略式起訴され、この略式起訴については、間もなく罰金七万円から一万円の略式命令が出された。

この時点で、もし誰もが「泣き寝入り」したなら、この事件は前代未聞の「冤罪」として世に知られることにはならなかった。

平田友三弁護士は、この事件の二年前に検事を辞め、弁護士になったばかりだった。いわゆる「ヤメ検」である。この時六〇歳。ヤメ検に似合わず柔和な表情で、目尻にいつも笑みをたたえていた。

平野一郎氏の弁護を担当することになったが、当初は難しい事件にも見えなかった。

大阪府警の接見室で平田弁護士が初めて平野氏に会った時、平野氏は被疑事実をすぐに認めたという。しかし、どうも話が合わないので、もう一度聞くと、「盗聴器はついていないか」と平野氏が言い、平田弁護士が「そんなものは接見室にはない」と答えると、初めて、「わしはお金もバウムクーヘンも配ってない。宴会に京極さんは来ていない」と語り始めた。

話を聞き終えた時、「これは冤罪だ」と直感したと平田弁護士は言う。しかしすでに一四七人の自白調書ができている。

「とんでもない事になったなぁと思いました。」

かつての自分の職場を敵に回すことになった。

その後、平田弁護士は、略式起訴された人々を含む全員に、泣き寝入りせず正式裁判で争うように説得を続けた。この結果、一三五人が正式裁判を請求することになったが、一一人は正式裁判を求めず、略式命令に従った。

争わず罰金を納めた人の理由の中に、「神様のお告げがあって、争わない方が良いと言われた」というのがあったそうだ。

平田弁護士は、

「その神様は日本の裁判の実情を良く知ってますね。九九%は有罪になるのが日本の裁判ですし、ましてや選挙違反に冤罪なしと言われていますから。」

結局、その人の説得はあきらめた。

裁判では、一件目については、実際に現金と菓子の授受があったかどうか、二件目については、その宴会に京極氏が来たのかどうかが争点となった。一四七人の自白調書は弁護士には大きな壁になった。全員が一人残らず自白しているという事実は重い。

一通一通その嘘を暴いていく以外に闘う方法はなかった。法廷が開かれるたびに、大勢の老人が出て来て証言席に立った。

ある人は、「バウムクーヘンて何？」と取り調べ室で刑事に聞いたという。

平野氏からもらった菓子はバウムクーヘンということになっている。自白調書にサインはしたものの、それがどういうものか全くわかっていなかった。取り調べ室での刑事との会話が法廷で再現された。

「いい年してバウムクーヘンも知らんのか。」

「そんな名の菓子、聞いた事もない。」

「丸くてまん中に穴の空いたやつや。」

「それなら知ってる。」

というようなやり取りが続いたという。六〇歳を過ぎた人ばかりだから無理もない。中には、いちいち説明するのに刑事が疲れたのか、調書に初めからバウムクーヘンと書いてあったという人もいた。

自白調書が本人の供述ではなく、捜査員の作文であったということがしだいに明らかになっていった。

平野氏が役員を集めて現金と菓子を配ったということになっているが、検察は結局役員会のその日付さえ特定できなかった。ある一日を特定しようとしても、必ず役員の何人かは別の場所にいることがわかった。役員会そのものがでっち上げであった。

一方、京極氏が出席したとされる宴会についても、京極氏がその日他の会合で大阪市内にいたことがはっきりわかっており、これもでっち上げであることがわかった。しかし、京極氏は、検事の事情聴取に対して、「宴会に出た」と認めている。

なぜそんな嘘の供述をしてしまったのか。

京極氏は検事とのその時のやり取りをメモに残していた。その小さなメモを見ながら語った。

「検事は、『我々は五人の検事を投入している。私は東京から来ている。警察とは違う。特捜はエリート中のエリートで、特捜に反抗する奴を見ると無性に腹が立つ。大勢の人が（京極氏が）来たと供述しているが、我々の調べでも来てないことがわかっている』と言った。」

検事は京極氏が宴会に出ていないことは知っていたという。

「『しかし、たくさんの（すでに自白した）年寄りをもう一度調べ直すのは忍びない。こんな事件にいつまでも拘《かかわ》っておれない。あんたが来てないのはわかっているが、こんな事件は早く終わりたい』というような話だった。」

宴会の際にみんなで記念写真を撮っているが、その中に京極氏の顔はないし、検察も京極氏が宴会の席に来なかったことは摑んでいたという。

それならなぜ、捜査段階で検事の言いなりになって、宴会に出たと認めてしまったのか。その問いに対しては、憮然として、

「あなた方はそう言うが、記者の立場を離れて一人で調べられたら、皆そうなる」

と語った。

初公判から四年半後の九一年三月、大阪地裁は全員に無罪を言い渡した。検察は控訴を断念した。しかし、この裁判中に、無罪判決を聞くことなく、九人が亡くなった。

この冤罪事件では京極氏本人は起訴されていない。また、宴会に出席していた、当時の江村利雄高槻市長も、京極氏同様起訴されていない。

「冤罪」をでっち上げる際にも検察は、抵抗する力の弱い人たちを「選別」していたのである。

ところで、これほど大掛かりな冤罪を警察と検察はなぜ仕組んだのか。政治的な背景があったのか、

なかったのか、この点については解明できなかった。

しかし、一度に一〇〇人を超える検挙者というのはあまり例がない。その意味では、警察、検察にとっては（もし冤罪であることが発覚しなければ）非常に大きな手柄だし、目を見張る成績を残すことになったのだろう。

この事件を中心になって捜査した井上警部（選挙違反取締り本部長）は裁判最中の八七年に退官した。また、主任検事だった矢田次男氏も、八七年に検事を辞め、弁護士になった。空前絶後の冤罪事件が裁判によって明るみに出る前に逃げ出した、と言われても仕方のない時期に二人とも辞めた。

無罪確定後の取材に対して、矢田元検事は、

「私は今も有罪を確信している。検察は控訴すべきだったと考えるが、被告らの年齢を思う時、控訴を断念した検察の選択も、また、一つの見識ということができる」

と答えた。

警察と検察は、狙いをつけた人物には必ず「自白」させることができる。外界から遮断され、初めて狭い取り調べ室に入れられた人間と、百戦錬磨の刑事との勝負は、初めからついている。いやな言い方だが、「赤子の手をひねるようなもの」だ。

取材中に、その言葉通りに語った人もいる。

第一部　幼児殺人事件の真相

一、私は殺《や》っていない

出所

二〇〇〇年五月一二日朝、栃木県那須郡にある黒羽刑務所から一人の男が出所した。

河合利彦さんはこの時四一歳。九年ぶりのシャバである。初犯で模範囚であったにもかかわらず、刑期の満了まで出所できなかった。それには理由がある。河合さんは獄中からずっと冤罪を訴え続けていた。「自分は犯人ではない」と主張し続けることは、刑務所内では反省の心がないと見なされる。

刑務所の外の駐車場で河合さんの両親と友人の一人が出所を出迎えてくれた。七〇歳になるお母さんは、この日に備えて、息子のために新しいベルトを買っていた。囚人は自殺防止などの理由からベルトの着用を許されていない。使いようによっては武器にもなるということだろうか。河合さんの社会復帰はベルトの着用から始まったのだが、腰に巻いてみるとあいにく大きすぎた。獄中で一〇キロ以上もやせてしまったことをさすがの母親も予想できなかった。

普通の出所者ならこの日から職探し、家探しが始まる。しかし、河合さんには、出所の初日から全く別の生活が待っていた。この日の午後、河合さんは、ふるさとの静岡県浜松市内で自らの記者会見を開いた。

記者会見

『私は犯人ではない』
九一年浜松の折かん死
準備整えば再審請求
（〇〇年五月一三日付地元紙）

出所の翌日の新聞は河合さんの記者会見について、かなりのスペースを割いていた。浜松市役所で行われた記者会見には、ほとんど全ての地元のテレビ局と新聞が顔を出した。事件発生の時には、地元浜松だけではなく、全国ネットのニュースになっただけに、マスコミの関心は高かった。

記者会見の冒頭で、河合さんは、きっぱりと、「再審によって自分の無実を証明したい」と挨拶した。記者からの質問が相次ぎ、会見は一時間近くに及んだ。

黒羽刑務所から出所する河合さん（毎日放送「出所した男」より）

記者会見を伝える記事によれば、

91年8月、浜松市で交際していた女性の二男（当時5歳）を折かんし、浴槽に漬けて水死させたとして殺人罪に問われ、無罪を主張したが、上告審で懲役7年の実刑判決が確定した浜松市△△の元保険代理業、河合利彦さん（41）が、12日、刑期を終えて出所し、浜松市役所で会見した。河合さんは、「自分が犯人ではない」と改めて無罪を主張、再審請求する方針を示した。――（中略）――河合さんは「司法解剖による被害者の死亡推定時刻は、自分が女性宅にいた時間に合わせて算出されたもので――（中略）――死亡推定時刻の再鑑定書を作成するなどの準備が整い次第、東京高裁に再審請求したい」と話した。

この記者会見の席で、河合さんが「再審請求」を口にした時、果たしてその場にいた記者の何人が、この言葉を額面通りに受け取っただろう。

すでに確定している裁判のやり直しを求める「再審請求」は、その準備だけでも、大変な労力と時間を要する。もちろん、協力し、一緒に闘ってくれる弁護人が必要だし、費用もかかる。さらに、再審請求の申し立てを行ったとしても、それを裁判所が認めてくれるケースはほとんどない。

現在、日本の法廷で再審を求めて争っている「冤罪事件」は名張毒ぶどう酒事件（一九六一年）、袴田事件（一九六六年）、布川事件（一九六七年）など著名なものだけでも十指に余るが、そのほとんどが支援する人々の大きな団体に支えられ、またたいていは日弁連＝日本弁護士連合会の後押しする強力な弁護団を立てて、闘っている。

しかし、それほどの人材を投入し、長い年月を費やしても、多くの場合、「請求棄却」の決定を裁判所から受け取ることになる。一度目の請求がだめなら二度目の請求を申し立てることもできるが、同じように長い歳月がかかる。中には、有名な帝銀事件のように、二〇回近くも再審請求を繰り返し、まだ続いている事件もある。それがこの国の再審の実情である。

刑務所を出たばかりの河合さんには、お金もなく、弁護士すら決まっていなかった。この先どれほどの困難が待ち受けているのか、この時点で河合さんには知る由もない。前途遼遠である。

しかし、出所したこの日、河合さんの無実を証明するための、長い闘いがスタートした。

二、事件

事件が起きたのは一九九一年八月二三日朝。地元紙の二三日の夕刊によると、

五歳児変死　自宅布団の中で　浜松

23日8時20分頃浜松市△△町の主婦A子さん（32歳）から「5歳の二男が布団の中でうつ伏せで死んでいる」と一一九番通報があった。救急車で駆け付けたところ、男の子は既に死亡していた。浜松東署の調べによると、男の子は目立った外傷などはなかったが、水に溺れたような状態だった。

（略）

翌日二四日の朝刊に続報が出ている。

死因は溺死　浜松の五歳児
母親などから事情聴く

浜松市△△町で23日午前5歳の保育園児が死亡していた事件で、浜松東署は同日午後、浜松医大で男児を司法解剖した。それによると死因は溺死で、死亡推定時刻は、22日午後11時頃とみられる。母親（32）の話によると、死亡した男児は、22日午後9時頃兄（8）と自宅六畳の寝室で就寝。母親は23日午前零時頃、同じ寝室で寝た。同日午前8時前、起床したところ、男児が隣りの居間でうつ伏せになり死亡していたという。同署は男児の死因に不審な点があり、母親の話にもつじつまの合わない点がある事などから、この母親と親交の深かった男性から詳しく事情を聴いている。

この記事に出てくる「親交の深かった男性」が河合利彦さん（当時三二歳）である。この時点では、まだ紙面はそれほど大きな扱いではない。「変死」事件ではあるが、殺人と決まった訳ではない。では、このような記事が出ている頃、警察の取り調べ室では何が起きていたのか。

事件の発生した八月二三日の朝に戻る。

現場に駆け付けた救急隊員は、状況を見てすぐに警察に出動を依頼している。さらに、現場に到着した浜松東署の刑事課員は、時間を置かず、県警本部へ出動の要請を行った。初めから殺人事件としての手順を踏んでいる。A子さんは午前中に浜松東署に任意同行され、そこで事情聴取を受けている。

実は、この事件のあった前夜、A子さんは河合さんと一緒に飲みに出かけ、午前〇時半頃二人で帰宅し、河合さんもA子さんの家に泊まっている。その後河合さんは午前三時三〇分頃に新聞配達のためにA子さんの家を出ている。A子さんが一一九番通報したのは、それから五時間後の午前八時二〇分頃のことである。警察は、A子さん同様、河合さんについても、重要参考人として署に呼び出し、午後から事情を聴いている。

事件発生の当日八月二三日の午後三時過ぎから始まった浜松医科大学での司法解剖の結果、死因は「溺死」であると鑑定された。これは事故ではない、殺人事件である。犯人はA子か河合のいずれか

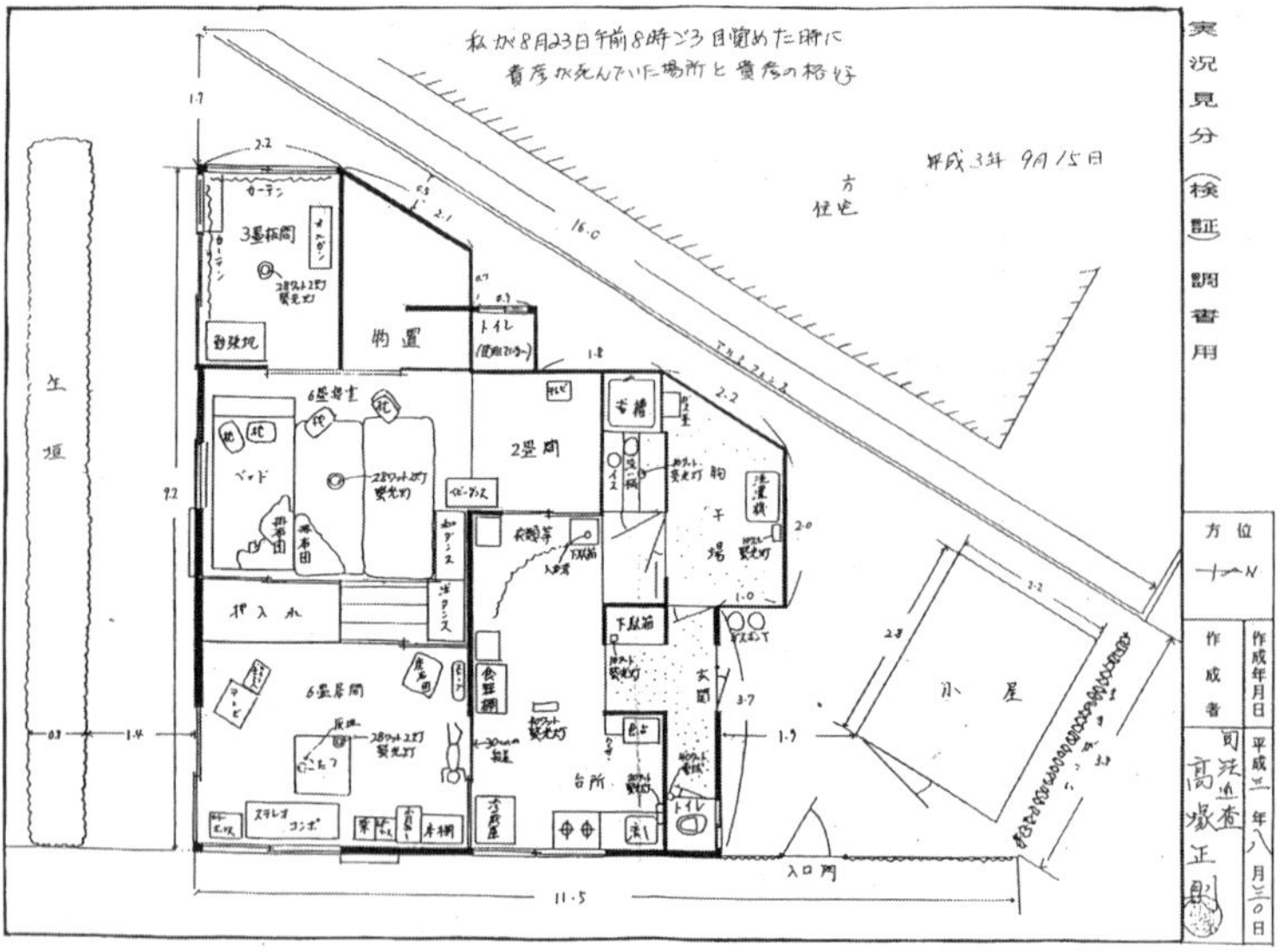

事件現場見取り図

である、と二三日の夕方にはすでに捜査の流れは決定していた。

この事件は、いわば「密室」の中での殺人だった。

五歳の男の子がこの家の中で溺れ死ぬ場所は、風呂以外にない。溺れた後一人で居間まで歩いて来る訳もない。だからこれは事故ではない。殺人事件である。一方、外から何者かが侵入した形跡は一切ない。家の中にいたのは河合さんとA子さん、それに八歳の長男と五歳の二男の四人だけだった。八歳の長男を除くと二人のどちらかが、あるいは二人が共同で、二男を殺害したと考える他ない。

二三日の夕方から二四日にかけて、二人の重要参考人が、浜松東署内の別々の部屋で、刑事から執拗に取り調べを受けた。この結果、二三日の夜から、帰宅による中断を挟んで二四日の午前中までに、A子さんが「自分は殺していない。殺したのは河合さんではないか」という供述を始め、二四日の午後には具体的な上申書が作られている。

その内容を紹介する。

T（二男）が殺された事について知っている事を書きます。

私は絶対Tを殺していません。殺したのは私の男友達の河合利彦さんです。

（河合さんは）浜松の△△に住んでいます。職業は損害保険の代理店を自宅でしています。年齢は今年一一月に三三歳になります。

河合さんと知りあったのは、朝アルバイト先の新聞店です。交際は今年の三月の半ば頃からです。

最初は一週間に一回位の割合でしたが、ここ二週間は毎日の様に泊まりに来ています。泊まった時は、河合さんも新聞配達のアルバイトがあるため、午前三時から三時半の間に帰って行きます。

河合さんと二人で△△町にある「M」へ飲みに行って帰って来たのは、八月二三日の午前〇時半頃です。

ベッドの横に敷いてある布団で寝ていた時、テレビのある部屋の方へ行く人の気配を感じました。私は河合さんが、またTを連れて行っていると思いました。でもTが大きい声で「お母さん」と呼ばなかったので、あまり気にせず、布団の中でウトウトしていました。

しばらくして、お風呂場の方から、小さい声で「お母さん」というTの声が聞こえたのです。水の音がしたので、起きてテレビのある部屋と台所のドアのところまで行き、「どうしたの?」とお風呂場の方に向かって聞きました。そうしたら河合さんが「Tが死んじゃった」と言うのです。びっくりして、私はお風呂場の方に行きながら「ウソだら」と言うと、河合さんが「こっちへ来てごらん」と言いました。お風呂場のドアを開けたら河合さんがTの足を持って立っていました。河合さんは、ドアの方に背中を向け、Tの両足首を持って、Tを逆さにつるしている様な格好でした。Tの身体はこっちを向いていました。浴槽からTを揚げている様な感じでした。

私は慌ててTを河合さんから取り上げてテレビのある部屋に連れて来ました。テレビのある部屋と台所の境にある引き戸の南側へうつ伏せで寝かせました。身体が濡れていたのでタオルでふ

事件現場である風呂場

き、Tシャツを着せました。Tは全く身体を動かさないので死んでいるのがわかりました。身体は上半身ぐらいが濡れていました。それで河合さんに、「何んでこんな事したのよ。」と聞きました。河合さんは、「だってT、馴付かないから」「かわいくないから」などと言いました。

「何をしたのよ」と聞くと、河合さんは「顔と目と目の間をたたいた。」という様な事を言った。それと、「その後お風呂場に行ってお水をいっぱい飲ませた。」「T、いっぱい水を飲んだよ。それで、T、死んじゃった。」などという様な事を言いました。

それで、「どうしよう」と私が聞くと、河合さんは、「Aちゃん、寝てなよ。」と言ったので、「Tはどうすんのよ。どうすればいい?」と聞くと、河合さんは、「Aちゃんが朝起きたら、ここでうつ伏せになって死んでいたと、そう言えばいい。」と言っていました。

私は河合さんの言う通りにお布団の中に入りました。その頃、河合さんは「もう行くから」と言って帰りました。河合さんが帰ったのは午前三時三〇分の五分から一〇分位前だったと思います。Tを私が河合さんから取り上げて、テレビのある部屋に連れて来たのは、河合さんが帰った時間の二〇分位前だった様な気がします。だからTが殺されたのは、午前三時頃ではないかと思います。

△△△A子（指印）

平成三年八月二四日　午後三時半

この時点で捜査本部は河合さんを犯人と断定し、逮捕状の請求に踏み切った。

一方、河合さんは、二三日の午後から二四日の未明まで取り調べを受けた後、いったんは帰宅を許されたが、その間も刑事が夜を徹して張り込みを続け、二四日の朝七時から取り調べが再開された。二四日の朝からは、A子さんの供述を受けて、河合さんは刑事から執拗に自白を迫られるが、否認を続け、結局二四日午後七時、捜査本部は、本人否認のまま河合さんを殺人容疑で逮捕した。

翌二五日の新聞各紙は、この「犯人逮捕」を一斉に大きく報じた。地元紙だけでなく、全国紙でも取り上げられた。「結婚の邪魔になると考えた身勝手な男が、愛人の子供を風呂の水につけて折かん死させた」という内容の記事の横に、河合さんの顔写真が添えられた。

地方都市で発生したセンセーショナル

浜松の幼児変死
母親の交際相手逮捕
殺害の事実は否認
死亡した
楽しみにしていた誕生会

な事件はテレビでも報じられ、また警察幹部は、事件発生からわずか一日半で犯人逮捕にこぎつけたことを誇らしげに語った。ワイドショーのリポーターが東京からやって来て、「利己的な鬼のような男」として伝えた。

河合さんは逮捕後も否認を続けたが、逮捕からおよそ一週間後の九月一日になって、かなり唐突に自白を始めた。その冒頭で河合さんは、

「Tを殺したのは私です。A子は関係ありません」

と語っている。

そして、寝小便をしたTの体を洗おうとして風呂場に行ったものの、Tが嫌がって泣き出したため、カッとなってTを浴槽に突き飛ばしたと、犯行の模様を話し、最後に再び、

「以上話した通り、私がTを殺した事は間違いありません。A子は、何回も言うように関係ありません」

と締めくくっている。

しかし、河合さんは、その後否認と自白を繰り返した。

検察は九月一四日に、否認のまま河合さんを殺人罪で起訴した。

三、裁　判

河合さんの裁判は九一年一〇月二二日に、静岡地方裁判所浜松支部で初公判が開かれ、以後三年半にわたって四二回の公判が開かれた。

河合さんは無罪を主張した。

検察側の主張

第一審の中で、検察側は殺害の動機を「河合は被害者の存在が、結婚の邪魔になった」と断定している。その上で、事件前の日常生活の中から、それを裏付けるような出来事を、A子さんの供述調書や法廷証言で語らせている。

A子さんと河合さんは、事件の五カ月前位から親しくなり、やがてA子さんの二人の子供たちとも一緒に遊ぶようになった。

初めのうちは二人とも「お兄ちゃん」と呼び、喜んでいたが、そのうちに二男のTは、河合さんと

A子さんが手を取り合ったり、体を寄せてテレビを観ていると、「くっついちゃいかん」などと言って、二人の間に割り込むようになった。このような状況の中で、

一、事件の一カ月位前、河合さんとA子さんと二人の子供で海岸に出かけた際に、河合さんがTを足が届かない沖まで連れ出した。そこでTの乗っていた浮輪が、波を受けて転覆しかけ、Tが怖がったが、河合さんはすぐには岸に戻らなかった。

二、Tの睡眠中に、体に水性マーカーで落書きをし、A子さんからとがめられてもやめなかった。

三、同じくTの睡眠中に、脚を紐で縛ったり、またTを風呂場の洗い場や、水を溜めた浴槽のふたの上に運んで放置した。一度は水の入っている浴槽にTが落ちたこともあった

などと主張した。

また検察は、事件発生の日の朝、Tの異常に気付いたA子さんが、すでに家を出ている河合さんに対して、「T、死んじゃった」という電話をかけた時に、河合さんがすぐに行動をとらなかったことに注目した。

A子さんの証言によれば、その朝T君の死に気付いたA子さんは、一一九番通報するのと同時に河合さんにも電話を入れたが、その時河合さんは、「えっ、ほんと」と言っただけだった。河合さんは、その数分後にA子さんの自宅に電話をかけ、電話に出た長男に対して、A子さんに代わるように求め

たものの、長男が「それどころではない」と言って電話を切ると、その後は午後まで一切連絡を取らなかった。午後一時半頃、河合さんは再びA子さんの自宅に電話を入れたが、その時電話を取った浜松東署の警察官から署に出頭するように求められると、河合さんは、「わかりました」と答え、T君のことやA子さんらの状況、また警察官がなぜA子さん方にいるのか等について一切質問しないまま、電話を切った。

検察は、A子さんのこの証言や供述をもとに、「普通ならばその異常を告げる電話に対して、すぐに家に戻るなどの行動を取るはずだ。また、午後電話をかけた際にも、電話に出た警察官に対し、不明な点を問い質すはずだ」と主張した。

事件現場の家は取り壊され今はない

そして、そうした言動を取らなかった理由は、河合さんがT君の死をすでに知っており、その死に直接関係していたからに他ならないと結論づけた。

弁護側の主張

一方、弁護側は、「河合さんが殺した」というA子さんの証言がもし本当だとしたなら、午前三時過ぎに我が子の死に直面しながら死体を放置したままその後八時まで布団に入って寝てしまう、さらに、八時に起きた時にはTの死を忘れていたなどということが、母親として有り得るのかと反論した。

また、検察が主張する河合さんの二男に対する様々な嫌がらせや悪戯については、
一、海水浴に行った後も、二男Tは、被告人と共に海水浴やプールに遊びに行っている。Tが怖がったのは河合さんではなく、海そのものであったと長男の証言からわかる。
二、顔や体へのマジック等による落書きは、河合さんばかりでなく、A子さんも一緒にやっていた。Tも喜んでいた。
三、河合さんやA子さんの家族、さらに友人らと共に近々貝拾いに行く約束もあり、河合さんがTをかわいがっていなかった訳ではない。
などと反証を挙げた。

裁判所の判断

この事件は、前にも述べたが、密室の中での殺人である。判決の中でも、裁判所はこの事件について、

現場に当夜、侵入者があった事を窺わせる様な形跡は全くなく…（中略）…したがって、Tの

溺死は、被告人、A子、及び長男のいずれか又はその複数の者の犯行によるものと考える他ないところ……

と述べている。

八歳の長男はこの際事件から除くとすれば、犯人は河合さんかA子さんのどちらかしかいない。A子さんは「河合さんが殺した」と言い、河合さんは「自分ではない」と言う。

どちらかが嘘を言っている。

ここで裁判官が心証を固めるに当たって、決定的な役割を果たしたのが「死亡推定時刻」であった。

T君の遺体は、警察の嘱託を受けて、事件当日の午後から浜松医科大学で司法解剖された。法医学教室の鈴木修助教授と妹尾洋医師の二人が担当した。

この解剖の結果をまとめた鑑定書によれば、死因は溺死、そして、最も注目された死亡推定時刻については（解剖開始時午後三時二〇分において）死後一二時間から一八時間が経過している、と推定した。言い換えれば、前日の午後九時二〇分から事件当日の午前三時二〇分の間ということになる。

事件発生からわずか半日後に解剖に付されながら、死亡推定時刻に幅がありすぎるのも妙だが、この死亡推定時刻は、実は、河合さんが事件の前夜から当日にかけてA子さんと共に過ごした時間とぴったり一致している。

事件の前日、河合さんは午後九時過ぎにA子さん方を訪ね、子供たちに寝るように言い付けて、二人で飲みに出かけた。そして、事件当日となる八月二三日の午前〇時過ぎにA子さん方に戻り、そこで二人とも床に就いた。その後河合さんが新聞配達のためにA子さん方を出たのが、三時半少し前だった。

鑑定書の出した死亡推定時刻は、前夜河合さんがA子さんと会ってから、朝になってA子さんの家を出て行くまでを完全にカバーしている。

物証の何もないこの事件だが、鑑定書に書かれた死亡推定時刻が、事件と河合さんを分かち難く結び付けている。

つまり、この鑑定結果を信じるならば、T君は、河合さんがA子さんの家を出る以前に死亡していることになる。

しかし、河合さんは、「自分がA子さんの家を出る時には、何事もなかった」と証言している。A子さんと河合さんのどちらが嘘の証言をしているのか。死亡推定時刻を物差しにして測れば、答えは明瞭だ。

裁判所は河合さんが嘘を言っていると断定した。

河合さんは、「この死亡推定時刻には医学的根拠がなく、自分を犯人に仕立てるために意図的に捏造されたものだ」と反論したが、裁判所はこれを認めなかった。

九五年三月、静岡地方裁判所浜松支部において、岩垂正起裁判長は、河合さんを有罪とし、懲役十年を言い渡した。

控訴審は九五年一二月一八日に東京高裁で初公判が開かれたが、この日一日だけで、即、結審となった。そしておよそ一カ月後の九六年一月一九日に判決が出された。東京高裁の岡田良雄裁判長は、一審の懲役十年を破棄して、改めて懲役七年を言い渡した。

この判決では一審の認定した内容をほぼ踏襲しているが、犯行の態様については、「足首を持って逆さ吊りにした」という一審の判断を退けて、「背中からT君を押して浴槽に顔をつけた」と河合さんの最初の自白に沿って判断した。また、A子さんの犯行への関わりについて、

A子は、積極的に被告人の犯行に関わっていたとは言えないが、犯行に至る過程で、少なからず関わりがあったという事ができる。

として、A子さんの犯行への関わりの度合いを一審以上に強く認めており、これが懲役十年から七年に減じられた大きな要因になっていると言える。

河合さんはすぐに最高裁に上告したが、九八年四月に上告が棄却され、これにより控訴審判決の懲役七年が確定した。

四、自白の理由

二人の出会い

河合利彦さんは、一九五八年一一月二五日浜松市で生まれた。父親の幸男さんは幼い頃の発熱が原因で失明し、市内でマッサージの治療院を開いていた。家計は楽ではなかったが、河合さんは大学進学を希望し、七七年国立静岡大学工業短期大学部（第二部）に合格した。授業は夜間だったので昼間はサラリーマンとして働いた。しかし、せっかく合格した国立大学だったが、仕事と学業の両立は厳しく、結局一年半で中退した。

その後八三年に結婚、一男一女の父となり、八九年にはそれまでの会社を辞めて独立して「河合総合保険事務所」を設立した。だが、会社は作ったもののその収入だけでは家計を支えられず、河合さんは早朝の新聞配達で副収入を得ることにした。これは辛い仕事だったが、資格も何もない人間が真面目にお金を稼ぐ方法として、一番確実だった。

また、この頃から妻との関係がぎくしゃくし始め、事件発生の一年位前には夫婦の仲は完全に破たんし、A子さんと付き合い始めたころには別居していた。

河合さんがA子さんと知り合ったのは事件の半年前で、出会いは新聞店だった。

当時、河合さんは妻との間で離婚の調停中だった。一方、A子さんもその前の年に離婚したばかりで、二人の男の子を育てるために、朝は新聞店で働き、昼間はパートタイムの仕事に就いていた。

離婚寸前の男と離婚直後の女は、お互いに引き合うものを感じ、親しく付き合い始めるまでにそれほど時間はかからなかった。

河合さんは中肉中背で、性格は明るく、女性には結構もてた。またA子さんも、身長はやや低かったが、快活で、男性には人気があった。二人で夜、食事をしたり、飲みに行くうち、A子さんの二人の子供にも紹介されて、休日には四人で出かけるようにもなった。河合さんは子供の面倒見が良く、二人の男の子も河合さんに懐いた。やがて河合さんはA子さんの家に泊まりに行くようになり、河合さんの離婚が成立したら結婚しようという約束も交わした。

結婚にはA子さんの方が積極的だったという。

そして、九一年八月二二日、事件の前夜、二人はA子さんの家で待ち合わせ、九時半頃近所の行きつけのスナックへ飲みに出かけた。帰宅したのは二三日〇時半頃。すでに二人の男の子は六畳の寝室で寝ていた。

A子さんはジーパンだけ脱いで敷布団の上で寝ていた長男の横に、一方河合さんはベッドの上にいた二男の横で、それぞれ眠りについた。

そして事件の朝を迎えた。

自白の理由

筆者が河合利彦さんに初めて取材し、話を聞いたのは、二〇〇一年の春、出所してから一年後のことだった。

浜松市内の自宅を訪ねた。

二階建ての借家に河合さんと御両親、河合さんの弟の四人で住んでいる。出所から一年、体重も増え、顔も日焼けしていた。日雇いの建設作業員として毎日働きに出ているという。他の仕事に就けない訳でもないが、再審の準備のためには休みたい日に休める日雇いの方が都合がいいということだった。玄関を入ると、すぐ横の四畳半の部屋で父親の幸男さんが近所の婦人にマッサージ療法を施している最中だった。この家は鍼灸院も兼ねていた。

幸男氏（六九歳）は幼い頃に失明し、その後鍼灸師の資格を取り、結婚後は三人の子供をその収入で育ててきた。七〇歳に手が届こうという今も少しずつだが自宅でマッサージを施している。他に話を聞く部屋もなく、お父さんの治療が済むのを待ってから河合さんと対面した。

「『河合、てめぇ、この野郎』と叫びながら取り調べ室に入って来るなり、私の頭をげんこつで二発殴り付けました。それからいすに座っていた私の肩のところを手で押して、床に突き飛ばしてから土下座をさせました。」

事件発生の翌日、八月二四日の午後、刑事課長の態度が一変したという。

「私もいきなりでびっくりしましたが、何しろ任意の取り調べでしたので、『こんな事されるなら私は帰る』と言って抵抗しますと、他の二人の刑事が、『まぁまぁ、ちょっと待てや』と言ってもう一度いすに座らせました。しばらくして、別の刑事が紙を持って入って来て、刑事課長に渡すと、彼がその紙を私に突き付けました。それが逮捕状だったんです。『これでおまえはもう帰れんゾ』と怒鳴りつけられました。後で考えると、刑事課長が怒鳴り込んで来る直前くらいにA子が『河合さんが犯人です』と供述したんだと思います。」

この日から河合さんの長い監獄暮らしが始まった。

逮捕状を突き付けられたその瞬間は、自分の身に何が起きているのか理解できず、恐怖と、狐につままれたような感覚がしばらく消えなかったという。

しかし、そんな状態の中でも河合さんは、「私は殺っていない」と犯行を否認した。八月二四日に逮捕され、その後も一週間以上にわたり否認を続けたが、九月一日になって河合さんは自白を始めた。

御本人に会ったら、まず聞こうと思っていたのが、「なぜ自白したのか」ということであった。これまでの「冤罪」の取材から、人は狭い取り調べ室の中で刑事から追及されれば、必ず刑事の書いた筋書き通りの自白をしてしまうということは理解していた。

そんな事はないだろう。していないのならしていないと言い通せるはずだと言う人もいるかもしれない。筆者も「冤罪」の取材にのめり込むようになる前にはそう考えていた。

しかし、これまで十件近い「冤罪」の取材の中で、最後まで自白調書を取られなかったという人は、一人しか知らない。

そんな取材経験から、刑事や検事の追及から逃れる術はない、というのはよくわかっていた。被疑者にされた人も必死かもしれないが、担当の刑事も必死だし、経験の量が違う。狭い取り調べ室の中で、普通は一日、長くても三、四日で人は自白に追い込まれる。「暴力がある場合もあるが、そうでなくても、人は嘘の自白をする」とある研究者は書いている。人間は置かれた状況に対して対処する能力を備えており、初めは頑として否定し続けても、それではこの状況から抜けられない、否定し続ければ自分の精神状態がおかしくなると判断した場合には、「いったん認めて攻撃を回避し、後で、裁判で争えばいいや」というふうに作戦を立てる。それは人間の弱さではなく、困難に立ち向かうための当然の知恵だとその研究者は分析している。

話が横にそれたが、河合さんに会ってまずその点を確認したかった。

河合さんの自白は、他の被疑者の自白と少し様子が違う。

逮捕から八日間というかなり長い期間にわたって否認を貫きながら、九日目になって、唐突に自白を始めたのである。

「なぜ自白をしたのですか。」

返ってきた答えは意外なものだった。

「取り調べを受けている時に、A子が助けを求めているんだと思ったのです。」

すぐにはその意味がわからなかった。説明を求めた。

「事件の日の午後三時過ぎに私は警察に出頭しました。その瞬間からもう重要参考人としての取り調べが始まりました。正直言って、何が起きているのか、全くわからない状態でした。朝の三時半にA子の家を出る時には何事もなかったんです。それなのに警察は、すぐに『お前が殺ったんだろう』と切り出してきたんです」

思い出してくるにつれて、河合さんの口調に少しずつ力がこもってくる。

八月二三日の午後から任意の取り調べが始まり、翌日の二四日には殺人容疑で逮捕状が執行された。この二四日から三一日までの八日間に六通の河合さんの供述調書が残っているが、河合さんは犯行を否認している。しかし、九月一日になると、一転して自白を始めた。

河合さんが語る。

「殺ってないものは殺ってないと言い続けました。そうすると刑事が、『それならA子が犯人ということになる』というようなことを言うんです。私には手元に情報が全くない上に、警察は肝心なことは何も教えてくれないんです。『殺された』ということもなかなか理解できなかったし、『殺された』のだとしたら、泥棒か強盗でも侵入したのかな、というふうに勝手に自分で考えを押し進めていったので、『お前でなければA子が殺ったんだ』と言われてみて、初めて外部からの侵入者はなかったんだと考えたのです。そして、決定的だったのは、取り調べの刑事からA子の供述調書を見せられた時です。そこに、『犯人は河合さんです。私は殺していません』と書いてありました。驚いたとか、普通の言葉で表せる感情じゃなくて、初めは、『へえっ』っていうだけですね。でも、それから『ああ、A子が殺ったんだなぁー』っていう気持ちがわいてきました。」

「どういう意味ですか。」

「僕が殺ったというのは作り話ですよね。うまく言えませんけど、二人の間では見え見えの嘘ですよね。だから、そう言うってことは他の可能性、例えば外から誰か来たとか、事故とかではないんですよねぇ。事故なら事故だと、本当のことを言えばいいんですから。だからA子が『河合さんが殺した』と言ったということは、僕にとってみればA子が殺したということが、これではっきりわかったということです。それで、A子がこういう供述をしているということは、彼女が私に助けてくれと言ってるんだと思いました。」

「それで自白しようと考えたんですか。」

「バカですよねぇ。甘いですね。でも、今思うとそうだけど、当時は、何ていうか、二人は結婚の約束もしてましたし……」

「こんな事件があっても結婚するのだとまだ思ってたんですか。」

「思っていました。というか、刑事が、きちんと務めれば十年もしないで出てこれるから、とか、そういうことを何回も言うんですね。そして、今もはっきり覚えているのは、刑事から『A子もお前を待ってると言ってるから』と言われたことです。」

「それを信じたんですか。」

「信じました。今こうやって話してるとバカみたいに聞こえるかもしれないんですけど、取り調べ室って、味方が誰もいないんですよ。誰も僕の言葉を信じないし、僕という人間を信じていない。そういう時に、ふと、僕のことを思ってくれる人がいると思うと、そこにすがりたくなるのですね。だからその言葉通りに信じました。そして、今も、A子がその時に言った言葉は、その時には本気だったのだろうと僕は思ってますけど。」

九月一日に初めて自白した時の供述調書の中で、河合さんは幾度も「A子はこの事件には関係がありません」と述べている。この供述調書を初めて読んだ時、筆者は、正直に言えば、こんな極限の状態でもA子さんをかばうという河合さんの心情を、やや測りかねるところがあった。安っぽい自己犠牲とも、ヒロイズムとも見えた。しかし、河合さん自身が当時の自分を振り返って、「バカですよねぇ」と言う通り、その頃の河合さんは、正に恋におぼれた男であり、だからこそその女のために安っぽいヒロイズムも発揮できたのだろう。こんな事件の後でさえ、結婚しようと本気で考えていたのである。

そして、河合さんのA子さんへの思いは、裁判の途中で、ある出来事が発覚するまで、変わらなかった。

「その夜、河合さんが○時半頃にA子さんと共に家に帰って来てから、朝三時半に家を出るまでのことを話して下さい。」

「私はTと一緒にベッドで寝ました。A子は長男と一緒にベッドの横の床に敷いてある布団の方で寝ました。時間的には余り正確ではないですが、夜中にTがおねしょをしたので、その時に目が覚めました。パジャマの下とパンツを脱がせましたが、暴れていやいやをしたので、『ちんちん取っちゃうぞ』と言ってTのおちんちんの下の所をつねって、その時にふざけて顔や手を何回か噛みました。Tは上はTシャツを着ていましたが、夏でしたので下は裸のままでまたしばらく寝ていましたが、今度はベッドと壁の間に挟まって出られなくなりました。この時にも、ふざけているのだと思い、『早く出て来い』と言って二、三回頭を叩きました。これも軽くです。」

河合さんがT君に対してつねったり叩いたりしたことを詳しく説明する理由は、検察側の主張では、これら全ての行為は、T君を殺害する前に河合さんがT君に対して行った「折かん」だったということになっているからだ。

確かに、鑑定書によれば、T君の体には多くの外傷の痕が確認されている。河合さんは、それらの傷痕は（陰部のつねった痕など）、自分の行為と一致する部分もあるが、多くは自分の関知しないものだと言う。そして、いずれにしても、その夜の自分の一つ一つの行為は、決して「折かん」というような暴力的なものではなかったとも言う。

河合さんに先を促した。

「午前三時頃にそろそろ起きようかと思った時には、Tはベッドから出て居間の方にいました。そしてそこから『おかあさん、のど渇いた、水ほしい』とTが言って、それを聞いたA子が立ち上がって台所の方へ行きました。私が着替えようと思って居間に行った時には、Tはテーブル代わりのこたつの横に座ってぼーっとしていました。まだ寝ぼけていたんだと思います。A子がコップに水を入れて持って来て、それをTに渡しました。A子はまた寝室の方へ戻って行きました。私はTに、『布団の方へ行けよ』と行って出かけようとしましたが、その時に振り返ってみると、ちょうどTが立ち上がってその場で少しおしっこをしちゃったように見えたんです。それでまた居間に戻って、Tの脇の下に手を入れて抱え上げようとしたんですが、Tが暴れて騒ぎ出したんです。私が仕方なくTを下に降ろすと、Tはそのまま前のめりになって、こたつの横に倒れ込みました。起きるのかと思ったらすぐに寝息が聞こえてきたので、その場でまた寝たんだと思いました。おしっこの跡を拭き取るほどにも思えなかったので、私はそのまま出かけました。それが午前三時半か、ちょっと前だったと思います。」

河合さんは、この日のA子さんの家での出来事を、取り調べ室で刑事に対し何回も語っている。しかし、刑事は河合さんの言うことを全く信用していなかった。逮捕後も河合さんは同じ話を繰り返し、刑事は自白を迫った。

A子さんと河合さんの二人の供述のどちらが真実なのか。

事件発生直後には、警察は二人の重要参考人を等距離で眺めるべきだ。にもかかわらずかなり早い時点で警察が河合さんへの嫌疑を深めた理由の一つは、事件発生当日の河合さんの行動ではなかったのか。

検察の主張によれば、

河合は、A子から「Tが死んじゃった」と聞かされた時、「えっ本当」と言っただけで電話を切り、その後何ら自分から行動を起こしていない。

となっており、判決も、検察の主張をそのまま認定している。これは河合さんが、その朝、外でA子さんからの電話を受けた時点ですでにT君の死を知っていた、また河合さん自身が事件に関与していたと見なされる根拠になっている。これについて質問すると河合さんは、「A子が僕に電話をかけてきたのは、救急車が到着する直前だったと思うんです。『T、死んじゃった』と言われて『えっ本当』と言ったのはその通りです。そしてその時救急車のサイレンの音が受話器から聞こえました。それで、ちょうどその時に救急車が到着したんだなということがわかって、A子も確か『救急車来たから』と言って電話を切ったと思います。私はすぐに私の方からもう一度電話をかけました。すると長男が出てきて、私が『お母さんは』と聞くと、『今、それどころじゃないから』と言って電話を切りました。」

「その後自分からは午前中いっぱい一度も電話をしなかった、ということも裁判所は言っていますね。」

「Tに何かあったなということはそれでわかりましたが、『死んじゃった』という言葉は、そのままストレートに受け取らずに、病院で何らかの処置を受けたら、その後で手が空いた時にA子からまた電話があるだろうと、そんなふうに考えてました。」

「A子さんの方から連絡してくると考えたんですか。」

「いつもそうだったんです。あの頃は誰でも携帯電話を持ってる訳じゃなくて、私もA子も携帯電話は持っていませんでした。ですからA子の方で用があると、まず私の家の方の電話へかけるんですね。そして留守電に用件を入れます。あるいは『電話して』とだけ入れます。すると外にいる私のポケットベルが鳴る仕組みになっていて、私は公衆電話から自宅の電話にかけて、暗証番号を押すと、その留守電を聞くことができます。そこで次にA子ならA子のいる所へ、他の仕事の用件ならその用件の人の所へ私から連絡を取るんです。あの頃は多分、みんなそういうふうだったんですよ。」

「午後、河合さんはA子さんの家へ電話をしましたよね。」

「そうです。あんまりA子の方からかかってこないので、心配になってきて電話をしました。」

「その時、A子さんの家にいた警察官が電話に出て、河合さんに出頭を求めた訳ですが、この警察官が法廷で、『河合はこの時事件について何も聞かなかった』と証言しています。これも、裁判官が、河合さんがすでに事件を知っていたという心証を抱いた根拠になっています。」

「それは私が聞かなかったんじゃなくて、正確には、私に一言も聞かせなかったんですよ。そういう口調の警察官っていますよね。こっちが何か言おうと思っても遮ったり、聞いても聞こえなかったようにして、自分の用件だけ一方的に言う人。その時は、ただ『東署に来てくれますよね』ということだけを私に伝えて、というか、命令して、私には一切質問させませんでした。それに、警察はこれは事故じゃなくて殺人事件だと考えている訳ですから、私になんか情報をくれる訳がないですよね。」

犯行の動機について

「二男が河合さんに懐かなかった。それが結婚の邪魔になると考えた」というのが、検察の主張する犯行の動機である。判決も検察の主張をそのまま認めている。A子さんの供述調書や法廷証言でも、それに添う形で、河合さんと二男の間にあったいくつかの出来事が述べられている。

河合さんにその点を質してみた。

「結婚の邪魔になるというのは変ですよね。二男が反対したら結婚できなくなっちゃうという訳ではありませんから。それに二男は初めは非常に私に懐いていました。長男共々すぐに仲良しになりました。それが、途中から、ママを取られちゃうというか、変な言い方ですけど嫉妬ですね、一言で言えば。そのためにA子が私のそばに来ると不貞腐れるようなことは事件の前にはちょくちょくありました。」

「海の沖の方へ二男を連れて行って、怯えさせたことは、本当にあったたんですか。」

「そういう事は確かにありました。Tがそこで泣き出したのも本当です。でも、ちょっと違うなと思うのは、その浮輪は大きめの安定感のあるもので、底にビニールが張ってあって、足だけ下に出るようになっています。ひっくり返るような危険はないんです。それにTや長男と私は、そのすぐ後にもまた海に行く約束をしているんです。」

「風呂のふたの上に寝かせた事は?」

「あります。ふたの上だけじゃなくて、風呂の床に寝かせたこともあります。Tがよくそこでおしっこをしてしまうんで、『もうやめなよ』という意味のお仕置ですね。でも長時間本人がそのままにしているはずもないし、危険というものはなかったと思います。風呂のふたがはずれてTが落ちたということが本当にあったかどうかは知りません。A子がそういうことがあったと、そう言っていますが、私自身はそんなところを見たことはありません。」

検察は、事件発生前の日常生活の中から、河合さんのいくつかの行動をピックアップして提示し、そこから河合さんのT君に対する「殺意」が読み取れると主張した。それらを積み上げて見せて、全体として「Tが結婚の邪魔になるので殺害した」という犯行の動機に真実味を持たせようとした。

しかし、河合さんは、そうした「動機」については、取り調べ室で刑事から言われるまで、自分では考えたこともなかったと言っている。ところがそれが犯行の動機として新聞の見出しに一度載ると、「Tが結婚の邪魔になった」という言葉が独り歩きし、動かし難い事実のようになってくると河合さんは言う。そして、検察が「殺意」の裏付けとして提示したいくつかの出来事についても、法廷で示されるまでは、自分ではほとんど忘れかけていた瑣末《さまつ》な出来事だったのに、なぜそれがそんな特別な意味を持っているのかと驚いたという。

「後で裁判になって、調書を読んだり証言を聞いて『なんで?』という感じですね。『なんでそれが殺人の動機とか前兆になるの』と思いました。でも、警察、検察、裁判所のあうんの呼吸というのですか、刑事と検事は日頃の経験からどういう話が裁判長の心を動かすのかということを本当によく知っていて、そのツボを押さえてくるんですね。法廷で、自分のことなのに、『なるほどなぁ、そんなことがあれば確かに怪しいなぁ』と感心したことがあります。」

感心してはいけない。しかし河合さんは、警察や検察のそのあたりのやり方には舌を巻くと言って、ある出来事について語った。

「例えばこういうことがありました。四人で車で海水浴へ行った時です。私が運転していたんですけど、A子は車の中からもう缶ビールを飲み始めて、少し酔っていました。私が『そんなに飲んだら、海で子供たちの世話ができないよ』と言っても、A子は陽気になってやめませんでした。酒のせいで交通事故を起こしたり、海で遭難したりしたら大変だというような世間話のついでに、私がちょっと嫌味に『新聞に出る時のいい写真もないね』と冗談を言ったんです。そしたら、それが事件の後で、私が『Tの葬式用の写真がない』と言って、Tを怖がらせたということになっているんです。長い話の一部分だけを持ってきて、特別な意味を持たせるんですね。」

A子さんの折かん

死亡したT君の体には折かんの跡があった。

河合さんはT君がベッドの上で寝小便をした時に、おちんちんをつねったと認めており、その痕跡は鑑定書にも報告がある。しかし、鑑定書では他にも、頭部、顔面、胸腹部に皮下出血や傷が多数あると報告されている。

それらの傷はいつ誰によってつけられたのか。河合さんに尋ねた。

「Tが寝小便をした時に、『ちんちん取っちゃうぞ』と言ってつねったのは間違いありませんし、その時に抱きかかえて顔や手を噛みました。それに、そのちょっと後でTがベッドから落ちた時にもなかなか上にあがって来ないので、頭をポンポンと叩きました。でも噛んだのも軽くふざけたような感じだし、叩いたのも、相手が痛いと感じるような叩き方ではないです。」

「でもT君の遺体には、実際に折かんの跡があったんですよね。」

「判決でも私がTに暴力をふるったことになっているんですけど、私は今言った通りのことしかしていないんです。」

では誰がしたのか。

殺害の実行と同じで、家の中には長男を除けば二人の大人しかいなかったのだから、河合さんが否定するということは、「A子さんがした」と主張することと同義である。A子さんが自分の子供に対して折かんをするということが、果たしてあり得るのか。河合さんにその点を質した。

「半年の付き合いの中で、A子さんが二男に対して暴力をふるったり、折かんをしたというような場面を見たことがありますか」

「あります。」

「何回くらいありましたか。」

「私の目の前でA子が手を上げたのは二回だけです。」

「どういう状況で手を上げたのか、詳しく教えて頂けませんか。」

「私がA子の家でカレーライスを作ってみんなに食べさせたことがあったんです。それまでA子は、仕事と子育てが忙しくて、レトルトのカレーしか子供に食べさせたことがないと言っていましたので、それなら私が本格的なやつを作ってあげるというようなことで、そうなったんです。そして、カレーが出来上がってA子や子供二人に御飯とカレーを盛った皿を渡しました。A子と長男はすぐに平らげましたが、Tはテレビに夢中で、全然手を付けなかったんです。それでA子が『T、食べないならおかあさん、食べちゃうよ』と言って、TのカレーをA子が食べたんです。でも、ちょうどその時コマーシャルになって、Tが自分の皿を見て『ない』と言って騒いだので、もう一度私がよそって、Tに渡したんです。ところがコマーシャルが終わるとTはまたテレビに顔が向いちゃって、カレーに手を付けなかったんです。それでとうとうA子が切れて『いい加減にしろ』と言いながら、Tを押し倒してその上に馬乗りになって、Tの顔面を平手で殴りました。手を頭上まで上げて、力一杯二、三発殴り付けたんです。その時には私も驚きました。」

Ａ子さんには二人の男の子がいたが、長男に対してＡ子さんが暴力をふるったことはなかった。一方、Ｔ君に対しては、この時以外にも、一度だけだが、Ａ子さんが激しく折かんしているのを、河合さんは目撃したという。

五、死亡推定時刻

出所から一年余りが経過したが、再審請求に向けての河合さんの歩みは遅々としたものだった。弁護人さえまだ決まっていなかったが、それは半ば予想されたことだった。

再審請求を引き受けてくれる弁護士はそんなに多くない。理由は簡単だ。いったん引き受けたら過去の裁判記録全部に当たらなければならない。それほど膨大な手間がかかるのに、勝てる見込みはごくわずかしかない。また冤罪を訴える人の多くは貧しい。現に河合さんは日雇い労働者で収入は多くない。つまり支払える弁護費用は限りなくゼロに近い。個人でやっている弁護士はまだしも、採算を重視する大きな事務所では必ずといっていいほど嫌がられる。弁護士ほど高収入の仕事はないと一般には思われているが、「冤罪」だけは別である。

それにもかかわらず、弁護士が冤罪事件を引き受ける理由は、多分二つしかない。

一つは、あたりまえのことだが、「正義感」だ。不正を正すはずの法廷の中で不正が行われた。これは正さなければならない。無実の人が獄につながれているとすれば、その綱を切ることは弁護士の当然の責務だろう。

二つめの理由は、「おもしろい」ことである。人の命や人生がかかっている「冤罪」に対して少し不謹慎に聞こえるかもしれないが、多くの弁護士がそう言う。これこそが弁護士の仕事だという実感が持てると言う。

日本一難しいと言われる司法試験を突破して二年（現在は一年半）の修習期間を終えて、晴れて弁護士バッジをつけることを許される。それから何年か経って一人前と言われる時になって、している仕事の大半が離婚の調停だったり、遺産の分割だったりする。それが悪いわけではない。それももちろん大切な仕事に違いないが、それは弁護士になろうと決心した時に夢見ていた仕事とはかなり違う。「冤罪」「医療過誤」「公害」、不思議なことにどれも収入という観点からはとても採算が取れないような事件の中に、弁護士は「おもしろい」とか「やってみたい」という衝動を感じる。

二〇〇一年四月、河合さんは静岡市内の弁護士事務所を訪ねた。

小川秀世弁護士は、すでに「袴田事件」という有名な冤罪事件に関わっていた。非常に多忙だったが、とにかくお会いしましょうということになった。

だが、その日、挨拶だけでは終わらなかった。一通りの挨拶がすむと、話はすぐに事件の核心部分に入った。

それは「死亡推定時刻」についての河合さんの長い解説だった。

河合さんは獄中生活の大半をこの分野の勉強に費した。独学ながら、読破した本の数は並ではなかった。

この事件の鍵を握っているのが「死亡推定時刻」だ。

殺害されたT君の司法解剖は、警察の嘱託を受けて、浜松医科大学で行われた。鑑定書によれば、T君の死亡推定時刻は「前日午後九時二〇分から当日午前三時二〇分の間」ということになっている。

河合さんがA子さんの家を出たのが午前三時半頃、つまりT君は河合さんがA子さんの家を出る時にはすでに死亡していたと、この鑑定書は言っていることになる。

これに対し河合さんは、「A子の家を出る時には何事もなかった」と主張している。河合さんの言うことが正しいと認められるためには、T君の死亡が午前三時半より後であることが立証されなければならない。

死亡推定時刻は、死後硬直の度合いや角膜の混濁の度合いなども参考になるが、多くの法医学者は、死体解剖時の直腸温（つまり体温）から逆算するという方法を用いる。

この事件でも、鑑定書には死亡推定時刻の算出の根拠は示されていないものの、法廷では解剖を担当した鈴木助教授が、「(死後)一時間に〇・五度から〇・八度程度降下すると考える」と答えている。そして、子供の普段の直腸温(体温)を三七・五度と想定した上で、死体解剖時の直腸温二八度から逆算して死亡推定時刻を算出したと証言している。

河合さんはこの鑑定書に書かれた死亡推定時刻を見た瞬間に、結論が先にあったのだという疑いを持った。

自分が前夜A子さんと会ったのが九時過ぎ。二人で飲みに出かけて帰って来て床に就き、そして新聞配達のためにA子さんの家を出たのが午前三時半。

鑑定書の死亡推定時刻はその全てをすっぽり含み、T君の死と河合さんを否応なしに結び付けている。そして、この死亡推定時刻が裁判官の有罪心証を決定付けたことは間違いない。

客観的でなければならないはずの鑑定書が、警察の意図を酌んで作為的に書かれているとすれば大問題だが、河合さんはそれ以外にも、この鑑定書は科学的に見てもおかしいのではないかと考えた。

法医学の専門家の書いた鑑定書に対して、素人がいちゃもんをつけるのも大胆だが、とにかく、河合さんは変だと思った。

「変だと思いませんか」と河合さんが事務所で説明を始めた。

河合さんは、中退とはいえ、大学では理科系人間だった。話し出すと細かく、そしてややくどくなる。だがここは河合さんの話を聞く。

「誰でもすぐわかることですが、ある熱を持った物体がそれより熱の低い所へ放り出されたとしたら、その物体の温度は当然どんどん下がります。でも、その下がり方は直線的じゃないんです。最初は大きく下がって、それからその環境の温度に近づくと今度はゆっくりと下がり、最後にその環境の温度と一緒になる。これは理科の常識です。人体でも死後は同じだと僕は思ったんです。」

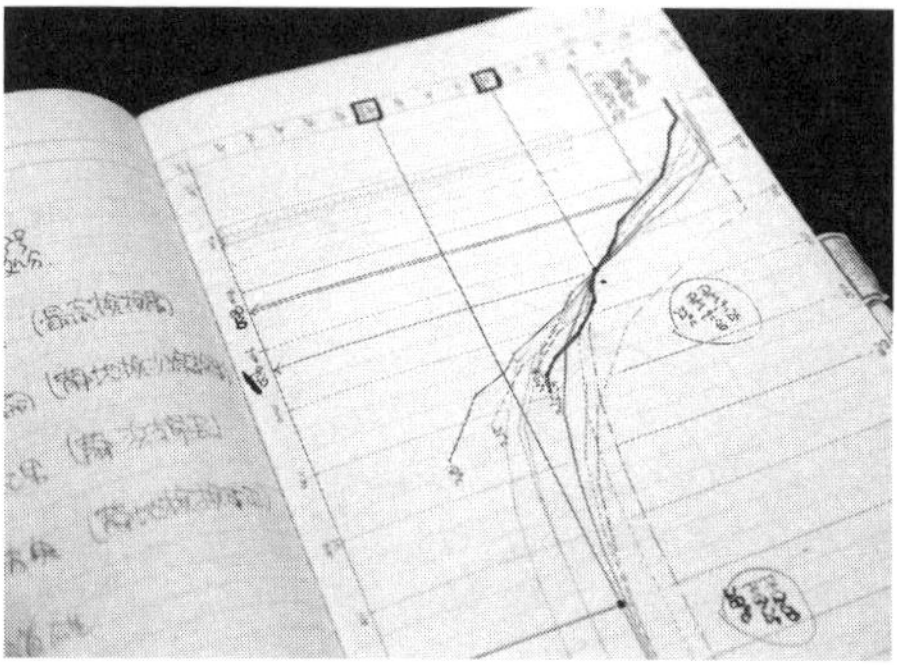

河合さんのノートには数字やグラフがびっしり書き込まれている

常識かどうかは小川弁護士にはわからなかったが、とにかく先を促した。

「でもこの鑑定書は、毎時〇・五度とか〇・八度とか言ってますが、要は直線的に同じ割合で体温が下がっていると考えているんです。これはどう見ても変ですよ。」

河合さんは一審の最中にも弁護士に対して同じ主張をしたが、当時の弁護士はそれほど真剣には取り合ってくれなかったと言う。鑑定書を書いたのはこの分野の専門家で、一方、河合さんは全くの素人であるから、弁護士が取り合わなかったとしても不思議はない。

　河合さんは法医学書に当たってそれを確かめたかったが、どんな種類の本にそんな事が書いてあるのかわからなかったし、どんな題名の本を探せばいいのかさえわからなかった。しかし、拘置所で執念深く新聞の書籍広告を読むうちに、ある日『図解・科学捜査マニュアル』というタイトルの本を見つけた。それでいいのかどうか見当もつかなかったが、とにかくその本を取り寄せた。結局その本には死亡推定時刻について何も書かれていなかったが、参考図書の欄に自分が求めるものがあるらしいことがわかった。そしてその時、自分が知ろうとしている事が「法医学」という分野のことであるのを初めて知った。それから先河合さんは五〇冊を超える法医学書を取り寄せ、読み漁った。ノートを作り、死亡推定時刻についての基礎知識を詰め込んだ。

　裁判は地裁から高裁、そして最高裁に移ろうとしていた。長期にわたる独学の結果はっきりわかったことは、死後の体温変化は、自分の予想した通り、決して直線的ではないということだ。死後しばらくは体温の低下は余りないものの、その後急速に低下し始め、外気温に近づくと体温の低下は再びゆっくりとしたものになる。グラフにすると逆S字型になると専門書には書かれている。鑑定書はこの点で完全に間違っていた。

　また記録として残っているT君の直腸温を河合さんが勉強した本の通りに計算式に当てはめて、自分でグラフを作ったところ、T君の死亡推定時刻は事件当日の午前五時から六時と出た。

〈死亡推定時刻〉

・警察の嘱託を受けて作られた鑑定書Ⓐ（21時20分～３時20分）

・弁護団の提出した鑑定書Ⓑ（４時～６時）

注：弁護団の鑑定書は２点のデータを使用し、警察側の鑑定書は１点のみ（解剖開始時）から算出している。

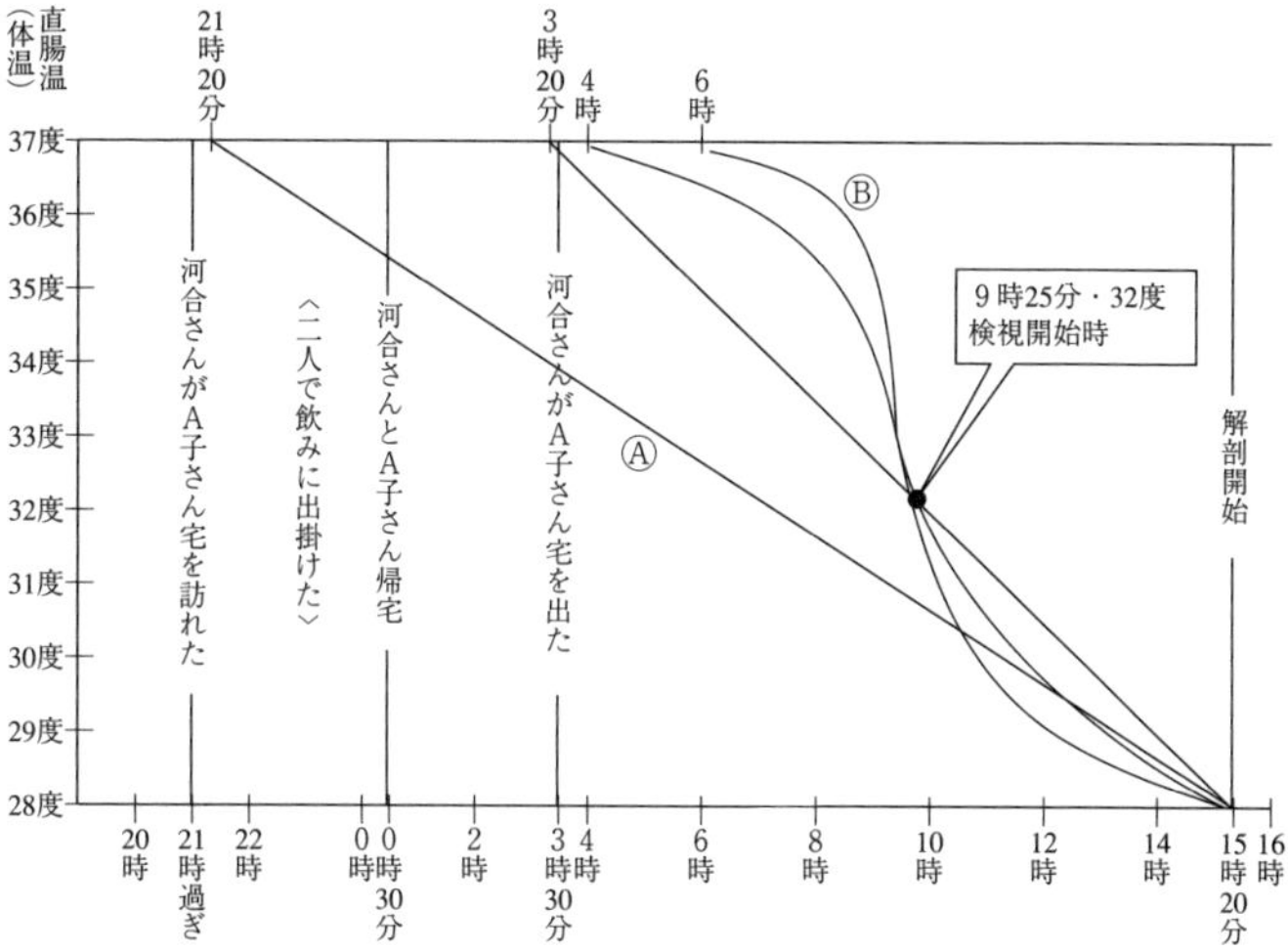

河合さんはこの結果を上告趣意補充書として文章にまとめた。河合さんの作った補充書が裁判所に提出されたのは九六年一〇月。この時審理はすでに最高裁に移っていた。

しかし、素人の書いた補充書を裁判所が取り入れるはずもなく、結果は見えていた。

九八年四月最高裁は上告を棄却した。

しかし河合さんは、自分の考え方が間違っていないと、今も確信している。

河合さんの長い話が終わった時、小川事務所の外はもう暗かった。挨拶だけということだったが、話は初めから事件の核心に入った。その話の内容がおのずと再審に向けての方針を示していた。

再審請求をするためには、まず、死亡推定時刻について鑑定書の不備を証明し、正しい死亡推定時刻をこちらから提示すること。そのためには公正中立の法医学者を見つけ出し、専門家の目で再鑑定をしてもらうこと。これが最も急を要することで、この再鑑定がうまくいけば、それは、そのまま、再審請求の要件である新証拠となるだろう。

小川秀世弁護士は、その日、河合さんの弁護を引き受けることを了承し、直ちに弁護人選任届が作成された。

六、隠されていた録音テープ

小川弁護士の元に以前の河合さんの弁護人から大量の裁判資料が送られてきた。人の高さほどの書架がほぼ一杯になった。小川弁護士の仕事はこの膨大な裁判資料を読み込むところから始まる。

裁判の速記録や調書の山に交じって、録音テープがある。河合さんが警察で取り調べを受けた時の録音テープと、そして、A子さんが取り調べを受けた時の録音テープだ。これがこの事件の鍵を握る非常に重要なものなのだが、このテープの表書きには八月二九日という日付けが書かれている。事件から一週間後だ。

A子さんは事件の当日二三日と翌日二四日は警察で一日中取り調べを受けたが、その後はT君の葬式やその他の細々とした用事で四日間ほど取り調べが中断されている。八月二九日は浜松東署でA子さんの取り調べが再開された最初の日である。しかし、その日に取り調べがあったということはわかっているものの、調書が作られたとか、録音したという記録は、一切残っていない。また捜査員もA子さん自身も、このテープが実際に出てくるまでは、法廷ではっきりと、「そのような録音テープはない」と証言していた。


このA子さんの録音テープの内容を、これからここに紹介する。少し長いが、重大な内容を含んでおり、一切省略せず、ここに掲載する。そしてこのA子さんの録音テープこそ、実は、警察と検察がこの河合事件で外部に出ることを最も恐れた証拠である。こんな重要な、検察もA子さん本人もひた隠しにしようとした証拠がなぜ弁護側の手元に渡ったのか、それはテープの内容を紹介した後詳しく説明する。

テープの録音時間はおよそ二〇分。八月二九日午後五時三〇分から浜松東署の取り調べ室で録音されたもので、聞き手は静岡県警捜査一課の近藤幸雄警部補である。A子さんの声はか細く、しばしば非常に長い沈黙があるが、全体としては落ち着いてゆっくりと語っている。近藤警部補は中年の低い声で質問をする以外は、たまに相づちを打つくらいで、話をせかせる様子は一切ない。少しなまりがある。室内は非常に静かで、A子さんが身じろぎする時のいすのきしむ音が時々する他は雑音はない。部屋には他にもう一人浜松東署の刑事が立ち会っていた。

取調官　今から殺人被疑事件について取り調べますが、自己の意思に反して話をしなくていいから、あった事は正直に話をして下さい。

被疑者。

A子　私、△△△A子です。

取調官　今の時間は。

A子　五時三五分。

取調官　それじゃ、今、えー、一通りね、説明したけど、おー、今日昼間、話もしてくれたけど、いい。

A子　はい。

取調官　それじゃあね、今一度ね、家へ帰ってからの。

A子　はい。

取調官　当夜の様子。

A子　はい。
取調官　これを話してくれる。
A子　はい。
取調官　飲んで帰ったのは。
A子　飲んで帰ったのは八月二三日の午前〇時半ごろです。
取調官　そのまま、ずっとその次の行動を順次説明して。
A子　それから、私はジーパンを、ジーパンだけ脱いで、上はあの、飲みに行った時の服のまま、ジーパンだけ脱いでおふとんに寝ました。
取調官　河合はその時は。
A子　と、河合さんは、たぶんベッドに寝たと思うんですけど、ちょっと自分が寝たとこだけではっきり覚えていません。
取調官　でー、休んでからのこと。
A子　やす、休んでから、ずっと記憶がばらばらで。
取調官　記憶がばらばら。
A子　ばらばらで、あのー、後先わかりませんけど。
取調官　後先わかんないけど。

Ａ子　後先わかんないんですけど……

取調官　じゃー、目、目がさめた状況とか。

Ａ子　目がさめた。

取調官　うーん、そうゆう状況ね、じゅんじゅん、話してみてくれる。

Ａ子　と、長男が何か河合さんと何かごちゃごちゃ話してる、してたもんだから、ちょっとその話の内容はわかんないんだけど。

取調官　うん。

Ａ子　あのー、お兄ちゃんは話、何か話しかけてたもんだから、何か、気が、あの、うっすらですけど目さましたら、ベッドの隅の所にＴが、座ってるってゆうのか、あの、胸から上あたりがみえて、あのー、私の方ってゆうのか、真っすぐ、私の方ってゆうわけじゃないけど、何か真っすぐボケーとした感じで見てて、ふんで、いつもなら、お母さんとかって言うもんだから、そういう時は、自分のとこに連れてきて、あの、なだめて寝かすけど、その時別にお母さーんとも言わなかったもんだから、あんまり気にもとめずに、そのまま起きもせずに、あのー、寝ちゃいました。それと、それとやっぱりちゃんとはっきりは、わからないんですけど、ベッドの上で人が何か動いているような、そんな気配がしたんだけど、それもやっぱり、もしＴだったら、うーん、大きい声でお母さーんどことか、お母さんってゆうもんだから、いつもなら、それもなかったもんで、やっぱりあのー、そんなに気にもとめずに寝ちゃったんですけど、で、どれ位寝ちゃったかわかんないですけど、あの……

取調官　どの位寝たか、わかんないけども。

A子　わかんないけど。

取調官　うん。

A子　わかんないけど、あのー、Tが水飲みたい、ほしいとかって言って、言ったので、あのー、台所の方に行って水をコップについで、あのー、Tに飲ませたんだけど。

取調官　飲ませた場所はどこ。

A子　たぶん、テーブルのとこだと思うんですけど、でー、水が欲しい欲しいって言ったわりには一口か二口位しか飲まなかったもんだから、ま、酔ってたってゆう勢い、勢いじゃないけどもあって、普段だったらこれしか飲まなくってーって、そのまま、もーってゆう感じでおふとんに戻って寝ちゃうんだけど、その日は、Tたたいちゃって、でー、どこを、あ、Tのどこをどうやってどの位たたいたかは、こん時夢中だったもんでおぼえてないんですけど。

取調官　たたくにはたたいた。

A子　たたくにはたたいちゃって。いつもよりちょっとひどくってゆうか、数も多かったし、でも顔にあざができるほど自分でたたいた記憶はありません。

取調官　じゃあ、そん時、河合はどこにおったか、記憶にある。
A子　ないです。
取調官　じゃあ、それから先、その時の自分の気持ちとか。
A子　その時の自分の気持ち。
もう、普段だったら、もうほんとにそのまま、おふとんにも戻っちゃうけど、そん時は眠かったし、お酒もいつもよりだいぶ飲んでて気持ちもよかったし、そこに、そこんところにTが水だって起きたんだけど、ちょっとしか飲まなかったもんだから、頭にちょっときちゃって、なんでこれしか飲まないのにわざわざお母さん起こすのー、みたいなこと言っちゃって、で、それから……
取調官　それから。
A子　それから……
取調官　それからどうしたわけ。
A子　それから、頭にきてたから、もうちょっと、うーん、飲ませようかと思って。
取調官　もう少し飲ませようかと。
A子　思って、どうしてお風呂場ってイメージがわいちゃったのかわかんないけど、
取調官　うん。

A子　お風呂場、お風呂場の方に行って。
取調官　うん、お風呂場に行って。
お風呂場に行って、どうしたわけ。
A子　T、Tの足つかんで、両足つかんで、お風呂の水、飲ませた。
取調官　場所はどこらへんを持ったわけ。
A子　足首です。
取調官　その時、Tの様子を。
A子　覚えてません。
取調官　どうやって、あのー、Tちゃんの足を持った。寝てるとこ持った。立ってるとこを持った。
抱いてるとこを持った。
A子　お風呂場まで。
取調官　お風呂場までは。
A子　たぶん抱っこしてったと思うんですけど、それから先はよくわかりません。
取調官　お水をどうやって飲ませたの。
足を持って、足首持って、持ったという話だけど、どういう状態でやったわけ、飲ませたわけ。

A子　持って、おふろ、湯舟につけちゃったと思います。
取調官　じゃあ、つけたというけど、その時のTちゃんの様子はどんなだった。
A子　全くわかりません。
取調官　わかりませんっていうのは、どういうわけでわかんないの。
A子　もう酔っ払ってたせいもあるし、自分がそんな行動とるなんて、もう目がさめてから思えないし、だけどなんか足、足首なんか持っているっていう、なんか自分が持っているっていうだけ頭ん中にこびりついちゃってて、それでどうしたのかって言われてもはっきり自分がこうゆうようなことをしたってゆう……

（ここで突然録音は終わっている）

これは明らかにA子さんの「自白」である。こんな重要な証拠にもかかわらず、いや、重要だからこそ、警察も検察もそしてA子さん本人も、このテープの存在をひた隠しにしてきた。

不可解なのは、このようなA子さんの自白があるにもかかわらず、なぜ検察はこの自白を抹殺して、河合さんの起訴に突っ走ったのか。その謎については後で考えるが、しかしひと度河合さんを起訴したならば、当然検察の目指すものは河合さんの有罪判決であり、その目的に照らせばこの録音テープほど邪魔な証拠はない、ということになる。

では、なぜ捜査関係者もA子さん本人も口裏を合わせ、その存在すら否定し続けたこの録音テープが弁護側の手に入ったのか。

そこには、ある、ちょっとした事務的な手違いが絡んでいた。たった一つの小さなミスが、検察にとっては痛恨の、弁護側にとっては願ってもない証拠を白日のもとにさらした。

河合さんが殺人罪で起訴され、裁判が始まった時、弁護士は河合さんが逮捕され起訴されるまでの間に警察が取り調べ室で回した録音テープや、実況見分の際に収録したビデオテープの開示を検察側に請求した。

こうした記録は、証拠として裁判所に提出して初めて法律的な意味の証拠となる。

捜査から逮捕、起訴までの間に警察は膨大な量の記録を集めるが、裁判では、検察は起訴した被告人を有罪とするのに有利なものだけを法廷に提出する。つまり、検察が裁判所に提出していない記録の中には被告人にとって有利な証拠が眠っている可能性もある。

ただし、この場合の河合さんの取り調べ室での録音テープが特に重要な内容を含んでいるものとは考えにくかったが、とにかく、河合さんが取り調べ室で録音テープが回っていたと弁護士に告げ、弁護士がそれを開示しろと請求するのは裁判ではごく普通の手続きの一つである。ここで大切なことは、弁護士が開示を求めたのは河合さんの録音テープである。A子さんのものではない。弁護士も河合さんも、この時点では、A子さんが取り調べ中に録音されたかどうかさえ知らなかったのだから。そして、この開示請求の結果、河合さんの取り調べ中の録音テープ五件が検察から弁護士に渡されることになった。

録音テープは静岡地方裁判所浜松支部の建物の隣に建つ弁護士会館まで検察庁の浜松支部の検察事務官が歩いて持って来たという。検察庁の建物は道路一本隔てて裁判所の向かいにあったので、その距離五〇メートル足らず、歩いて一、二分の近さだった。事務室から録音テープが届けられた後、河合事件を担当する三人の弁護士のうち、居合わせた二人が、テープの内容を確認するために再生機にテープをかけた。その時、刑事の声に続いてA子さんの声が流れ始めた。二人の弁護士は何かの間違いだろうと、いぶかしく思った。河合さんが取り調べの時に録音されたということは、河合さん本人から聞いてわかっていたが、A子さんが同じように取り調べの時に録音されたということは知らない。それゆえ、当然そんなテープの開示も要求していない。

しかし、その声は、確かにA子さんのものだった。

その内容はまさしく驚愕だった。二人の弁護士は息もつかずにそのテープに聞き入った。

しかしなぜこんなテープを検察は弁護側に渡したのだろう。合点がいかなかった。

弁護側はこのテープによって圧倒的な優位に立つだろう。「無罪判決」も間違いないだろう。検察側は窮地に陥る。そんなテープをなぜ弁護士に渡したのだろう。

実は、開示されることになった録音テープは五件だった。それは五巻ではない。録音テープの両面にそれぞれ一件目二件目が録音されていた。つまり、一巻の中に二件分の取り調べが収められていた。恐らく検察庁の事務担当者が、〝五件〟を〝五巻〟と誤解し、河合さんの録音テープとA子さんの録音テープの両方を、弁護団に渡してしまったのだろう。

これはいまだに確認の取れていない推測だが、そう考えないと、この不思議な出来事の説明がつかない。

河合さんは、「もしかしたら検察庁の事務官にも良心があって、こんな大事な証拠を隠すのは良くない、と思ったのかもしれませんね」と語っているが、そう言った河合さん自身もそんな事は信じていない。

小さな手違いが大きな波紋を生じた。弁護側は絶対的有利に立ったかに見えた。だが、弁護団にとってはこの先が大変だった。

テープを入手したのはいいが、いきなりそれを裁判所に提出する訳にはいかない。正当な手続きを踏んで入手した記録でなければ、裁判所は証拠として採用しないだろう。盗んだのか拾ったのか、入手ルートもわからないテープでは本物と認めない可能性だってある。検察が開示に応じたのはあくまで河合さんの録音テープだった。A子さんの録音テープも法廷での手続きを通して入手しなければ意味を持たない。

弁護団はある作戦を立てた。

九三年九月の第一九回公判で、A子さんの取り調べに立ち会った浜松東署の杉山誠太郎主任の証人尋問が行われた。杉山主任はテープ録音が行われた日に立ち会っていた刑事である。弁護側はこの尋問の中で次のように切り出した。

弁護人　端的に、二九日から三〇日の間にA子が被告人が真犯人ではないというふうな趣旨の供述をした事はないですか。

被告人席にいた河合さんは、何の脈絡もなく飛び出したこの質問にびっくりした。というのも、A子さんの録音テープを弁護団が入手したという事実は、拘置所にいる河合さんにはまだ知らされていなかった。だから当然A子さんがそのテープの中で自白しているということも全く知らない。そのために、河合さんにとってはその質問は全くバカげたものに思えたという。A子はずっと河合が犯人だと言い続けてきた、と思い込んでいたので無理もない。法廷全体も狐につままれたような空気になった。

しかし、聞かれた杉山主任はしばし沈黙した後、次のように答えた。

杉山主任　……そういう場面は、河合がにぎっている姿がよく考えると、私になっちゃうような場面の話もちょっとあったような気もしますが。

その答えがさらに河合さんや法廷内の人を驚かせた。弁護人が続けた。

弁護人　A子になっちゃうという事ですか。
杉山主任　はい。
弁護人　というと、A子がやったという事ですか。
杉山主任　たくさん思い出した中の会話の一つで、そういう部分があったような記憶もございます。
弁護人　つまりA子が自分でやったんだというような話をした事があるんですか。
杉山主任　いえ、そうじゃなくて、河合の姿が自分になっちゃうような気がするような事も、たくさん出した話の中で。

この日、この件での弁護人から杉山主任への追及はこれで終わった。「録音テープ」という言葉は一切出さなかったが、検察は、弁護側が何かをつかんでいるというメッセージを受け取ったはずだ。しかし、検察はその後も動かなかった。

翌九四年九月六日の第三〇回公判でA子さん本人の証人尋問が行われた。この時には弁護団はストレートに、「取り調べの際に録音をされた事はありませんか」とA子さんに尋ねた。しかしA子さんは「はい、ないです」と言い切った。弁護人が重ねて質問した。

弁護人　録音テープというのはテープレコーダーで取り調べ状況を録音するという事です。
A子　はい。
弁護人　一回もなかったですか。
A子　はい。

A子さんは平然と嘘をつき通した。

尋問終了後、弁護団は、「我々は録音テープが存在すると確信している」と強い調子で述べ、検察にそれを提出するように求めた。裁判官の問いかけに対し、検察はその場では「ある」とも「ない」

とも答えなかったが、その後しぶしぶながらA子さんの録音テープを提出した。弁護団はようやく正式な手続きの中で録音テープを入手することができた。

録音テープの存在が明らかになると、それ以後、A子さんは、法廷ではいかなる質問に対してもほとんど答えず、沈黙を押し通すようになった。

この自白テープの発覚により、弁護団は河合さんの無罪判決は動かないだろうと確信した。しかし、その確信ははずれた。結論から言えば、裁判所はこの自白テープにほとんど重きを置かなかった。無視したと言っても過言ではない。

一審判決の中で、この録音テープについて裁判所は次のように述べている。

……A子自身も犯行に加担したかのごとき内容の供述は、A子が自らも述べるように、当時極度に精神的に疲労し、自責の念に駆られた末に陥った一時的な記憶の混乱によるものであったと認めるのが相当である。

この録音テープについてA子さんが法廷でした弁解を、そのまま裁判所の見解として採用している。しかし、「我が子を殺した」というような重大な告白を、一時的な記憶の混乱からしてしまう母親というものを想像できるだろうか。納得のいく判決ではない。河合さん自身も全く納得していない。「一時的に混乱してしまい、つい本当のことを言ってしまったと考える方が普通ではないのか。自責の念があるから、なおさら嘘をつき通すことができず、つい本当のことを言ってしまった、それが普通の人の考え方でしょ。」

裁判官には普通の人の考え方をすることができなかった。その理由を筆者は、やはり死亡推定時刻の枷《かせ》があったのではないかと、考えている。「T君が死亡するその瞬間に河合がそこにいたのは間違いない」という前提から離れられないうちは、河合さんに無罪判決を言い渡すことはできない。判決全体の整合性を重んじる、あるいは整合性だけに縛られていると言い換えてもいい、そういう裁判官にとっては、そのように考えざるを得なかったのではないだろうか。死亡推定時刻の方が間違っているのかもしれないとは、決して考えなかったのである。

人間は嘘もつくし、勘違いもするが、科学は裏切らない、エリートほどそう信じている人は多い。しかし、科学もまた人間の使う道具の一つでしかないことを忘れてはならない。科学的で客観的に見える死亡推定時刻にも、疑いの目を向けるべきだった。

七、獄中からの手紙

河合さんは拘置所からA子さんにあてて手紙を出している。起訴されてから初公判の前後にかけて、合わせて四通綴っている。手紙はもちろん投函される前に刑務官に内容を調べられる。四通とも便せんに一枚から二枚で、その内容もよく似ているが、河合さんのA子さんへの気持ちがよくわかるので一通だけここに紹介する。

前略、A子へ
今までに手紙を二通出しています。この手紙で三通目になります。読んでくれたと思っています。A子も色々と大変だと思いますが、一度時間を作って面会に来て下さい。A子に会いたいのです。もう二カ月以上もA子の顔を見れず、声も聞けずにいます。私はこのまま我慢ができるかどうかわかりません。A子は平気なんですか。
私のA子に対する気持ちは以前と何ら変わりません。A子が一番大切だし、A子が誰よりも好きです。どんな事があってもA子と別れるつもりはありません。また、A子の事は怒ってもいないし、恨んでもいません。安心して会いに来て下さい。A子は誰にも渡しません。

今、私は拘置所に勾留されている訳ですが、なぜ私がここにいるのかを考えてみて下さい。次回の公判は一一月二六日です。

私は自分の誕生日を拘置所の中で迎えます。いつもA子の事を考え、また思い出しています。自分の誕生日は無理だったけど、五月二三日の誕生日は今年と同じく一緒に祝いたいと思います。A子は私のものです。私はA子の事を最後まで信じて待っているつもりです。早く会いに来て下さい。また手紙も書いて下さい。

Tのためにも、毎日お経を唱えています。Y（長男）はどうしていますか。Yの事も気になります。

Aちゃんもわかっているように、Aちゃんには私に会いに来る義務があります。なるべく早く会いに来て下さい。

私は何があってもA子たちを捨てたりしません。

平成三年一〇月二八日　河合利彦
A子様
当時の、A子さんに対する河合さんの気持ちがよく出ている。河合さん自身は、当時を振り返る時、必ず、「甘いですね。バカですよね」と自嘲気味に語るが、結婚を約束したばかりの時期に突然引き離されたことや、拘置所という異常な環境に一人で置かれていることなどを考えると、A子さんだけが自分と外の世界をつなぐ一本の糸だと河合さんが思い込んでいたとしても無理はない。一方、それほど頼りにしているのに、A子さんからは返事も来ない、面会にも来てくれないとなれば、なおさら思いは募るだろう。最後の「Aちゃんもわかっているように、Aちゃんには私に会いに来る義務があります」というのは意味深長だ。二人にしかわからない短い文章の中に、河合さんは自分がA子さんの身代わりでここにいるのだということを思い出させようとしている。他の人には「義務」の意味は不明だが、A子さんならわかるはずだと河合さんは言いたいのだ。

この手紙はA子さんが河合さんから受け取った私信であり、本来ならば他人の目に触れるはずのないものである。しかし、A子さんは、河合さんから受け取った四通の手紙全てを浜松東署に届け出た。そして検察はこの四通の手紙を、河合さんが獄中からA子さんに脅しをかけている証拠だとして法廷に提出した。

男が昨日までの思い出にとらわれて切々と語っている時に、女の方は現実的に冷めた対応を取りながらさっさと未来に向かって歩き出している。そして、A子さんのこうした冷めた対応の裏にはもう一つ別の理由があることを、やがて河合さんは知る。

「事実は小説よりも奇なり」とは正しくこの事かと思わせるような事実を、河合さんは面会に来た母親から知らされる。

事件の発生する前に河合さんとA子さんが二人で一緒によく通った飲み屋「M」は、河合さんの実家の近くにあった。事件の前夜にも二人はこの店で飲んでいた。その店は近所の年配者がカラオケでうさを晴らす場所でもあり、河合さんの両親も時々「M」に出かけて歌っていたという。そして、裁判が始まって半年余りが経った頃、そうしたカラオケ仲間の何人かが、A子さんが店に来て飲んでいるのを見たと教えてくれた。事件後はしばらく間が空いたものの、A子さんが再び「M」を訪れるようになったというのだが、そんな時、A子さんは必ず男連れだというのである。しかも、その相手の男が浜松東署の刑事だと聞かされて、河合さんの両親は耳を疑った。

拘置所に面会に来た母親のアサヱさんからその話を聞いた時、河合さんもすぐには信じなかった。「デマだとは思うけど、本当かどうかちゃんと確かめてほしい」と河合さんは母親に頼んだ。

しかしA子さんと刑事の交際は単なるうわさではなく、かなり大勢の人が目撃していることがわかった。またこの刑事は浜松東署のYという人物で、事件発生後しばらくの間はこの事件を担当していたことも確認できた。

再び面会に来た母親からそれらの話を聞いて、その数日後、九二年の七月、河合さんは自分のシャツを窓の鉄格子にかけ、それをひも代わりにして首つり自殺を図った。看守が河合さんを発見した時には、河合さんの心臓はすでに停止していた。拘置所内で心臓マッサージが施され、その結果、河合さんはその場で蘇生した。その後すぐに浜松医科大学病院に搬送され、そこで一日経過観察のために留め置かれて、翌日河合さんは拘置所に戻された。この事件により、それまで拘置所内で非常に態度が良いと見なされていた河合さんが、以後は要注意人物として扱われることになったが、河合さん自身の内部にも大きな変化が起こった。

「私はいったん死んだんですね。心臓が止まって。で、生き返ったんです。拘置所に帰ってきて、そのことをずっと考えたんです。そして私は普段は別に宗教を信じるような人間じゃないのですが、やっぱりその時は神様が私を生き返らせたんだと思ったんです」

「そこで、どうして神様が私を生き返らせたのかと考えてみると、それは『殺ってないものは殺ってない』ということをちゃんと人にわかってもらえということだと思いました。そう考えてからは、この先の人生は無実を証明することしかないと、そのために今こうして生きているんだと、自分に言い聞かせました。」

A子さんへの思いも雲が晴れるように消えたという。そして、この時になって初めて、自分はA子さんと警察にはめられたのではないかという考えが頭に浮かんだ。健康が回復して河合さんがすぐにしたことは、A子さんとその刑事の関係を私立探偵を使って徹底的に暴いてほしいと弁護士に依頼したことだった。それが証明できれば自分が陥れられたということを裁判所も理解するはずだと河合さんは考えた。

弁護士が知り合いの私立探偵に調査を依頼した。第一審の最中、九二年九月、A子さんの尾行などを含む身辺調査が行われた。この結果、河合さんのお母さんの聞いたうわさ話がほぼ間違いのないことが確認された。のみならず、二人でなじみの飲み屋に出かけた後で、A子さんが浜松東署のY刑事の自宅に泊まっていることもわかった。

弁護士との接見でこれらの調査結果を知らされた時、河合さんはすぐにこの報告書を法廷に出してほしいと頼んだ。しかしこの時の弁護士の返事は河合さんには全く意外なものだったという。

「そんなことをしたら社会問題になる。」

この一言が後に河合さんが弁護団を全員解任する切っ掛けとなるのだが、河合さんにはその一言が納得できなかった。それ以上に弁護士がこういう発言をすることが理解できなかった。

自分は殺人事件の犯人とされ、法廷で争っている。その裁判の重要な証拠を、自分の味方であるはずの弁護人が「社会問題になる」という理由で提出を拒む。こちらの本音とすれば、社会問題であろうとスキャンダルであろうと、明るみに出ればいいとさえ思っている。この裁判に一人の男の人生がかかっているという認識が、果たしてこの弁護人にはあるのか。河合さんの弁護団への強い不信がこの時芽生えた。

実は、弁護士という職業の地方都市での立場や役回りを考えると、こうした発言はそれほど突飛なものではないことがわかる。

弁護士という職業を肩書に持つ人は東京や大阪には山ほどいるが、地方都市に行くとその数も少なく、そのためにその地域の警察や裁判所とはいつも深い関わりを持って活動している。それは非常に狭い特殊な社会と言ってもいい。刑事事件を数多く手掛けていれば、自然、警察の幹部や検事、裁判官とも顔を合わせる機会は多い。また、その地域の教養人として社会活動の役員に駆り出されることもある。実際に河合弁護団のある弁護士は、警察と住民が一緒になって行っていた暴力団追放運動の中心的役割を担っていた。そういう日常の人間関係を考えると、警察官と事件関係者のスキャンダルを暴くということに躊躇を感じる弁護士がいても不思議はない。そんなことはあってはならないのだが、被告人とはその事件限りの付き合いでも、その地方の捜査機関や裁判所とは末長く付き合っていかなければならないのである。

そんな訳で、控訴審ではA子さんと刑事の関係を暴いた報告書は、裁判所に提出されなかった。

河合さんは、控訴審判決を受けた半年後、弁護団の三人の弁護士を解任した。

九六年一月に河合さんは最高裁に上告した。三人の弁護士に代わって新たに国選弁護人がついた。

そしてこの国選弁護人を通じて、河合さんは「A子が真犯人である」とする上告趣意書を提出し、その中でA子さんとY刑事の交際について述べている。

上告趣意書の一部を紹介する。

事件後、A子は「M」の常連客であるNとNの妻、S、H、A、及び「M」のママOらに対し、自分が犯人であることをうかがわせる供述をしている。各人が聞いた具体的な内容は以下のとおりである。

1、N、Nの妻

平成四年七月に第一審裁判所において、A子の証人尋問が始まった際、N夫妻が「M」に来たA子に対し、「証人なんて大変だね」と言ったのに対し、A子は「本当に参っちゃう。でも、自分の方に矛先が向かないように気を付けて話しているし、この人（浜松東署のY刑事）と証人尋問の練習もしているから大丈夫」と答えているのを聞いている。浜松東署のY刑事が飲酒運転で浜松中央署に取り上げられたはずのA子の免許証を「M」店内でA子に渡した際、NがY刑事に対し「そんなことできるんだね」と嫌味を言ったところ、Y刑事は「こんなもの、どうにでもなるよ」と答えたのを聞いている。

2、S

A子が「M」において、事件について、「河合さんじゃないなら、やっぱり私がやったのかもしれない」とか、「あれはやっぱり私だったな」等とよく言っているのを聞いている。

（3・4略）

5、「M」のママO

浜松東署のY刑事は二十代の娘と息子がいるようだが、特に娘はA子を嫌っており、Y刑事に対し「あんな人、二度と家に上げないでくれ」と泣いて訴えたこと、それ以後はY刑事がA子の借家を訪れるようになったことをA子から聞いている。

Y刑事は、初めはこの事件に関わっていたが、なぜか途中で担当をはずれている。しかし、いずれにしても、当初は被疑者として取り調べを行ったA子さんに対し、裁判での証人尋問について助言を与えていたというのは、非常に奇異な印象を受ける。単にA子さんという女性に好意を持った男の行為と見るべきなのか、他に何か意図があったのか。

また、常連客の証言によれば、A子さんは事件後飲酒運転で検挙されているものの、大事に至らないようにY刑事が便宜を計っていた模様である。これも異常な行動である。そして明らかに違法行為である。男が好意を持つ女に自分の力を誇って見せただけなのか、あるいはこうしたA子さんへの過剰な厚意の裏には、何か事情があったのだろうか。

「真犯人の可能性もあるA子さんと警察の奇妙なつながり」、そしてまた「死亡推定時刻について鑑定書はまちがっているのではないか」。いずれも上告してから河合さんがほとんど独力で最高裁に提出した書面である。遅きに失したと言うべきである。このような書面はもっと早い時点で地裁か、遅くとも高裁の段階で提出しなければならなかった。それをしなかったことは、やはり弁護人の怠慢と言わざるを得ないのではないだろうか。

無実を主張する被告人の言うことに耳を傾け、そのために全力を尽くすべき責務を負った弁護人がその責務を果たしていない。検察が起訴した事件の九九パーセントは有罪であるという先入観が裁判官に無罪判決を躊躇させる大きな要因だと言われているが、弁護士もまたその先入観にとらわれていたのではないのか。

弁護団は法廷では河合さんの無罪を主張し続けていたものの、無罪判決を得るための弁護活動は決して十分なものではなかった。河合さんは長い裁判の中で一度も弁護士の口から「弁護方針」というものを聞いたことがなかったと言う。「河合さんに詳しい情報を提供することによって、河合さんに感情的になられたら困るから」と接見の際に言われたそうだ。

解任された弁護士に電話で話を聞いた。

「A子さんと刑事との不自然な交際を、なぜ法廷で追及しなかったのですか。」

「事件捜査が終わってから後の関係で、個人的な事がらであると考えています。」

「法廷に提出しない理由を『そんなことをしたら社会問題になる』と河合さんに説明したと聞いていますが……。」

「そんなふうに言った記憶はない。」

「近々、再審請求を申し立てることについて、意見はありますか。」

「私は河合氏から懲戒請求までされていますので、あの事件にはいやな思い出があります。言うべきことはありません。」


河合さんは弁護団を解任した後、弁護が不十分で、弁護士の責務を果たしていないとして静岡県弁護士会に三人の元弁護人の懲戒請求を出していた（その後、取り下げた）。


今度の再審請求で河合さんの弁護人となっている小川弁護士は、前任の弁護団の仕事ぶりについて、

「河合さんの気持ちも理解できるが、裁判記録を読んだ限りでは、問題ないと思います。だから、河合さんに懲戒請求を取り下げて下さいと、お願いしたんです」

と語った。


同業者への配慮もあるが、殺人事件で「無罪」を主張し、検察と争う難しさをよく知る小川弁護士ならではの発言と言える。

少し横道にそれるが、法律家を目指す人たちは、司法試験に合格するとその後司法修習生として二年間（現在は一年半）司法研修所で学ぶ。その中で判決文を書く勉強もあるが、「無罪判決」を書く実習は一切ないと、修習生に聞いたことがある。つまり、裁判官や弁護士、検事の頭の中には、その実務に就く前から、すでに「無罪」の二文字は、かすんで消えかかっているのである。

裁判が誰のためのものかを弁護士はどこかに置き去りにしている。その意味で、弁護士もまた、検事、判事同様、裁判所という狭い土俵の上の特殊な住人と言わざるを得ない。

八、再審への長い道　1

再審の請求には、それまでの裁判では出ていない新しい証拠がなければ請求ができないと定められている。

河合さんの事件を引き受けた小川弁護士は、この事件の再審請求のための新証拠の中心に「死亡推定時刻」をすえることにした。そのためには、まず、再鑑定を引き受けてくれる法医学者を探さなければならない。河合さんの考え方や文章がどんなに正確でも、裁判所は素人の書いたものをまともに取り上げたりはしない。河合さん自身も、裁判の最中、獄中から自分が読んだ法医学の本の著者に、再鑑定をしてくれないかと手紙を書いたことがある。しかし、その有名な法医学者は、同情は示してくれたものの、結局は再鑑定を断ってきた。

また、たとえ引き受けてくれる法医学者が見つかったとしても、河合さんが独学で出した結果と同じ結論が出るとは限らない。

再鑑定のためには最初の鑑定書だけではなく、鑑定のために解剖時に撮影されたT君の遺体の各部位の写真や、医学的な記録全てに当たる。死体がすでにない以上、最初に鑑定に当たった医師の残した記録が頼りになるが、それに不備があれば再鑑定もそれだけ難しくなる。さらに、事件の背景を知るために捜査資料や裁判記録にも目を通すため、再鑑定の作業は短くても数カ月、長ければ一年以上かかることもある。多くの場合再鑑定は、はじめの鑑定が間違っていることを立証するために行われる。今回もそうである。

法医学者が別の法医学者の仕事にケチをつけるのだから、引き受ける医師にも大きなプレッシャーがかかる。そのために再鑑定を引き受けてくれる法医学者を探すために弁護士は非常に苦労する。

小川弁護士が日本医科大学大学院の教授で法医学者、大野曜吉博士に対し、この事件の再鑑定を正式に依頼したのは二〇〇四年八月だった。河合さんが初めて小川弁護士事務所を訪ねてから三年の歳月が流れていた。

一方、小川弁護士の裁判のための手続きとは別に、筆者は、最初の鑑定書の吟味、その内容が正しいのか正しくないのか、また間違っているのならどこが間違っているのか、大阪府の監察医で法医学者の河野朗久氏に調査をお願いした。河野博士は滋賀県で発生した別の冤罪事件で弁護団から再鑑定を依頼されており、忙しい日が続いていたが、二つ返事で引き受けてくれた。さっそく河野博士に鑑定書の写し、検視時の写真、解剖結果報告書など、当時の資料を送った。

河野博士の肩書の一つである「監察医」とは、現在は東京や大阪などの大都市だけで行われている制度で、自治体から任命され、事件性が高いと判断された場合にすぐに司法解剖に着手し、結論を下さなければならない。スピードと正確さを要求されるハードな仕事である。当番制で、多い日には一日に五、六体の解剖を行うこともある。また、現在大きな社会問題にもなっている幼児虐待の分野でも河野博士は警察や児童相談所の依頼を受け、虐待や折かんの疑いのある幼児の診断に当たっていた。経験と実績から、また幼児虐待の専門家であることから考えても、河合事件の鑑定書を吟味してもらうのにこれ以上の適任者はいなかった。

繰り返すが、警察の嘱託を受けて作られた最初の鑑定書は、死亡推定時刻を事件前夜の午後九時二〇分から当日の午前三時二〇分としている。その時間帯はちょうど河合さんがA子さんと一緒に出かけ、帰宅して泊まり、明け方A子さん方を出るまでを完全に包含しており、この死亡推定時刻が正しい限り、河合さんは事件と無関係ではあり得ない。

資料を送って一カ月後、河野博士に話を聞いた。

「考え方としては河合さんの考え方でいいと思いますよ。良く勉強されましたね。」

正直、ほっとした。

「せっかちで申し訳ありませんが、死亡推定時刻はどうなりますか。」

「いただいた資料では事件のあった部屋の温度も記録が正確ではないし、就寝時にはエアコンがつけてあったようですが、いつまでついていたのか不明ですね……」

専門家はいつも注釈をつける。が、黙って先を待つ。

「子供の体重から考えると、まぁ午前五時から六時、四時より前ということはないでしょうね。」

緊張していたせいか、うれしさより先に全身の力が抜けた。取材を始めて以来、この時初めて少しだけ先が見通せたような気持になった。質問を続けた。

「最初の鑑定はダメですね。」

「死亡推定時刻を直線で求めていくというのは、少し未熟じゃないでしょうか。」

「その先生はこれまでおよそ二〇〇例の司法解剖をしていると言ってますけど。」

「その数は私たち監察医の仕事の一年分にもなりませんよ。」

河合さんは午前三時半にはA子さんの家を出ている。河野博士の出した死亡推定時刻によれば、河合さんは事件とは無関係だということになる。

最初の鑑定はやはり間違っている。医師が未熟なためなのか、警察の思惑に配慮したのか、筆者はもちろん後者だと考えている。

河野博士の意見をすぐに河合さんと小川弁護士に伝えた。河合さんは自分の考え方に自信を持っていたが、それでも法医学者からの御墨付をもらったことは大きな力になった。獄中での勉強は無駄ではなかったと初めて実感することができた。

河野博士によれば最初の鑑定書は「死亡推定時刻」だけでなく、それ以外にも多くの問題を含んでいると言う。再審の審理が進めばそれらの一つ一つにメスを入れていくことになるだろう。

九、真相

A子さんが自白したにもかかわらず、なぜ警察は否認を続けていた河合さんを「犯人」として追及し続けたのか。

密室の中で殺人事件が発生し、そこに二人の大人がいた。どちらかが、あるいは二人ともが犯人であることは間違いない。

A子さんが自白した八月二九日には河合さんはまだ否認を続けていた。河合さんが自白をするのは九月一日になってからだ。なぜ警察は「私がやりました」という女の自白テープを隠し、「やっていません」と言い続ける男に自白を迫ったのか。

それは警察の「面子《めんつ》」を守るという姿勢以外に理由を考えることはできない。

事件が発生した一九九一年八月二三日の朝から河合さんが「自白」をした九月一日までに、警察署の中で何があったのかを推理してみよう。


二三日の朝、A子さんの家に救急車が駆け付けたが、T君はすでに死亡していた。そして救急隊員は「事件性」があるとみて、警察に連絡を入れた。駆け付けた浜松東署員は「殺人事件」の可能性が高いとして、静岡県警本部捜査一課に出動を要請した。捜査員がすぐさま「殺し」と断定して、二三日の午前中から警察は捜査を開始した。家には外部からの侵入者はいない。八歳の長男を除けば、そこにいたのは二人の大人、A子さんと河合さんだ。初めから的は二人に絞られていた。

二三日の午後には司法解剖の結果、「溺死」であるとの報告が警察にもたらされた。むごい折かん殺人だ。「久々の大きなヤマだ」という緊張感が捜査員の間に走った。

午後五時には河合さんが浜松東署に出頭して来た。署内の二つの取り調べ室でA子さんと河合さんに対する追及が始まった。

しかし、この時、捜査員の頭の中に、二つの先入観があったと考えられる。一つは「午前中いっぱい河合は行方をくらましていた」という先入観。河合さんはそうではないと主張するが、捜査員にとってみればこれは嫌疑を増幅させる行動だったといえる。そしてもう一つは、「母親がこんなむごいことをするはずがない」という先入観。家の中にいた四人の人間の中で河合さんだけが赤の他人だった。

二三日の深夜から二四日の昼までのどの時点かは不明だが、とうとう捜査員がA子さんから「Tを殺したのは河合さんです。私は殺していません」という供述を引き出した。

刑事課長が勢い込んで河合さんの取り調べ室までやって来て、いきなり河合さんの頭を殴りつけたのはこの時だろう。

「河合、てめえ、この野郎。」

刑事課長の発したこの言葉には、凶悪な事件を起こした犯人に対する素朴な怒りがこめられている。この時点でA子さんの供述に対して、真偽を確認するための作業を、警察は一切行っていない。時間をかけてA子さんの供述を吟味すべきだったのに、それを怠った。

このA子さんの供述をもとに、その日のうちに逮捕状が取られ、二四日午後七時過ぎに河合さんは「殺人容疑」で逮捕された。

警察幹部は、これほどの重大事件をたった一日半で解決できたことを大いに誇り、宣伝した。新聞記者が「河合は犯行を認めているのか」と質問したのに対し、「まだ自白は得ていないが、捜査には自信を持っている」と答えた。

翌二五日になると、東京のテレビ局が続々とワイドショーのレポーターを浜松に送り込んだ。捜査陣としては（この事件では捜査本部は設置されていない。設置する間もなく事件が解決したということだろうか）、残された仕事は河合さんの自白を取ることだけだったが、それも時間の問題だと考えていた。

八月二五日から二八日の間は、A子さんはT君のお葬式やその後の細々とした用事に忙殺されて、取り調べを受けていない。一方、河合さんには連日厳しい追及が続いたが、河合さんは、「自分は殺していない」と否認を続けていた。

八月二九日になって事態が一変する。四日間取り調べのなかったA子さんが、この日から再び浜松東署で事情を聴かれた。河合さんの容疑を固めるために、もっと詳しい供述調書を作成する必要があった。

しかし、この日は、初めからそれ以前のA子さんとは様子が違った。

河合さんの犯行の詳しい内容を聞こうとする刑事に対して、「私がやったのかもしれない」という内容の供述をA子さんが始めた。

A子さんの自白が録音テープに収録されたのは夕方になってからだが、この日は取り調べの始まりから、A子さんが、「(T君の足首を摑んで立っている)河合さんの姿が、よく考えると、私になっちゃう」と発言していたことが法廷で明らかになっている。

お葬式や、それに続く二男を弔うための法要の中で、A子さんの心の中に何らかの変化が生まれたのかもしれない。しかし、この自白は、捜査陣にとって「爆弾発言」に等しいものだった。この白白を受けて緊急の捜査会議があったのかもしれない。あるいは幹部だけの会合が持たれたかもしれない。この自白をどう扱うか。「そんな自白はなかったことにして、今まで通りに突き進むのか」。「この自白を受け入れて、A子を真犯人として逮捕するのか」。しかし後者の考え方を採れば、河合さんの逮捕は「誤認逮捕」だったということになる。それは警察としては大失態だ。

すぐに結論は出なかったのだろう。夕方、A子さんの自白を取り敢えずテープに録音するという行為が、そのことを物語っている。

あるいは、録音テープが存在する理由の一つには「自白」というものに対する、刑事の「矜持」があるのではないかと考えられる。取り調べを担当する刑事にとっても、「自白」は、いつも簡単に立ち会える場面ではない。被疑者から「自白」を引き出すという作業は、ベテランの刑事にとっても非常に難しい骨の折れる仕事で、長い時間と経験が必要になる。捜査方針とは別に、せっかくの「自白」を無きものにしたくないという気持ちは、ベテランの刑事ほど強いはずだ。

とにかく、A子さんの自白は録音され、そのテープは警察の手元に残った。それを生かすのか、なきものにするのか。

警察は岐路に立たされた。

「真実の追求」が警察や検察の目指すものであるならば（そんな青臭い正義が警察内部に今も残っているのかどうかはわからないが）、たとえ「誤認逮捕」の大失態が明るみに出ようとも、この時点で警察はA子さんをもう一度容疑者としてきちんと調べるべきだった。はじめに河合さんを逮捕した時に生じた捜査ミスのねじれは、この時に解消できたはずである。「冤罪」も生まれなかったはずである。

しかし、ここで警察は、最初の大失態を隠すために結局「自白テープ」を隠ぺいすることになる。それは、その三日後の九月一日になって、河合さんが犯行を「自白」したからである。

それまで否認を続けていた河合さんだったが、A子さんの供述調書の中に書かれた「河合さんが犯人です」という言葉を刑事から見せられて、否認し続ける力を失った。「A子が助けを求めている」と感じ取った河合さんは自白を始め、「A子はこの事件には全く関係ありません」と結んだ。

ここへ至るにはもちろん伏線が張られていた。刑事が河合さんの取り調べ室を訪れて、「A子が

『お前を待ってる』と言っているぞ」と、A子さんの言葉を吹き込んでいた。

八月二九日のA子さんの自白は、ねじれを解消させる最後のチャンスだったが、結局、最初の捜査方針通り、河合さんの逮捕から起訴への流れが決まり、同時に「録音テープ」はなかったことにされ、裁判の過程で偶然明るみに出るまで、隠ぺいされ続けることになった。

実際、警察と検察はこのテープの存在が発覚するまでは、弁護側の追及に対して、八月二九日はA子さんの取り調べはあったもののいかなる調書も録音テープも存在しない、と法廷で嘘をつき通した。ハレンチという他ない。「真実の追求」どころか、面子のためならねじ曲げた真実をさらにもう一度ねじ伏せてしまうほどの悪辣さである。

これが八月二三日から九月一日にかけて浜松東署の内部で行われたことである。

後にA子さんの身辺に浜松東署のY刑事がぴったりと付き添っていた事実は、これらの推測が間違いないことの傍証になる。

警察にとって河合さんが起訴された後では、A子さんが裁判や、あるいはそれ以外の場所で不用意な発言をしないことが肝心である。Y刑事はそのための目付け役であったと考えられる。ある飲み屋で居合わせた知り合いから、「証人なんて大変だね」と聞かれて、A子さんは、「本当に参っちゃう。でも自分の方に矛先が向かないように気を付けて話しているし、この人(Y刑事)と証人尋問の練習をしているから大丈夫」と答えている。また、A子さんが証人尋問のために出廷する日にはいつも、このY刑事が送り迎えしているのを、大勢の人が見ている。

警察も検察も裁判の中で自白テープの存在を否定し続けたが、A子さん本人も、テープが法廷に提出される直前まで、自白をしたことも、その録音テープがあることも、きっぱりと否定し続けた。テープの存在が明らかになってからは、A子さんは法廷ではほとんど口を利かなくなった。弁護側の質問に対してだけでなく、裁判官の質問に対しても、無言のことが多くなった。嘘が発覚した後では、黙る以外、戦法がなかったのかもしれない。

A子さんとY刑事の関係がどのように進んだかはこの事件には関係ないが、少なくともその始まりは、Y刑事がそうした特命を帯びてA子さんに近付いたと見るべきだろう。

A子さんの自白テープは、会話の途中で、突然途切れている。

しかし、実は、この録音テープには続きがある、というより、その五分か一〇分後から改めて取り調べが再開され、それも録音されている。そして、話の内容はよく似ているが、この二度目の取り調べでは、驚くべきことにストーリーの中に河合さんが登場するのである。

一回目の自白テープ（「六、隠されていた録音テープ（七〇ページ）」に記載）では、A子さんがT君を浴槽につけたと語った直後に、捜査員が、「河合はどこにおったか、記憶にある?」と聞くと、A子さんは「ないです」と答えている。つまり河合さんはA子さんの犯行には全く関わっていないことがわかる。しかし、二回目の取り調べの録音テープ（これを第二の自白テープと呼ぶ）では、T君を浴槽につけた後、A子さんが風呂場からT君を抱いて出て来たところから河合さんが登場し、一緒に善後策を話し合ったことになっている。

つまり、捜査員は、A子さんの犯行にどうしても河合さんを立ち会わせたかった、何が何でも（教唆犯、従犯なども含めて）河合さんを共犯者に仕立てたかったのである。自白テープを突然止めて取り調べをやり直した理由は、「河合を話の中に組み込むよう」にA子さんに言い聞かせるためではなかったのか。その証拠に、捜査員は、第二の自白テープでは、「Tを風呂場に抱いて行ったのは誰か」という質問を二回繰り返している。そのたびにA子さんは、「それは私だと思います」と答えているが、捜査員はそこでA子さんが「わからない」とか「忘れた」とか、もう一歩進んで「河合さんかもしれません」とか答えてくれるのを期待したはずである。しかし、A子さんはそうは答えなかった。結局、第二の自白テープでは犯行後に河合さんが登場するのだが、それもA子さんの返答は曖昧模糊としており、「……と思う」とか「……のような気がする」、あるいは「たぶん……」という具合にぼかしながら、ごまかしながら答えている。

この第二の自白テープも第一の自白テープ同様、隠ぺいされたのだが、この二回分の録音テープの存在は、警察がどのように事実を曲げ、嘘の自白を作っていくのか、その製作過程を見るようで興味深いし、恐ろしい気がする。もし、二回目の自白テープの中で、A子さんが捜査員の期待通りに、もっとはっきりと河合さんを登場させていたら、このテープは隠ぺいされなかったのかもしれない。なぜなら、どういう形にしろ河合さんを共犯者に仕立て上げることができれば、八月二四日の「河合逮捕」は「誤認逮捕」にはならずにすむのである。捜査員が一回目の自白を中断し、二回目の録音を採った狙いはそこにあったはずだ。

しかし、その狙いははずれ、その日録音された二回の自白テープは共に検察庁の棚の奥に隠されることになった。

（一二三ページに第二の自白テープの内容を添付）

十、再審への長い道　2

河合さんの現在

河合さんは獄中で失効した運転免許を再び取得し、自分の軽四輪トラックで建設現場をまわる日々が続いている。日雇いの時の親方が河合さんの真面目な仕事ぶりを見て、少しずつ仕事を任せてくれるようになり、河合さんは今ではささやかながら個人事業者となっている。

また、出所してから二年後に知り合った女性と二〇〇三年の夏に結婚し、二人の間には男の子も誕生している。

出所後のこうした順調な社会復帰の様子を見るにつけ、河合さんの父の幸男さんは、「もう再審はいいのでは……」と考えている。幸男さんは筆者に対して、「出所した時点が振り出しだよ。そこから新しい人生を始めてほしい。再審といったって、裁判所が相手でしょ。私としたら、もうやめてほしいね」。そして幸男さんは、最後に、好きな野球にたとえて、「こう振るでしょ。ちょっとでも球に当たりゃいいがね。でも全くの空振りは辛いよね」と言って、空振りをした打者の体勢が大きく崩れる仕草を座布団の上でした。

しかし、母親のアサヱさんは正反対の考えを持っている。「何が何でも汚名は晴らしてほしいですね」と目に涙をためながら語った。

「あの子（利彦）が逮捕された時の頃を思い出すと、今でも眠れないです。あの子をよく知っている人は皆さん『すぐ間違いがわかって帰って来るよ』と言ってくれました。でも、そういう人ばかりじゃなかった。あの頃は人の目が本当に恐ろしかった。お使い（買物）も人のいない時間を見計らって行きました。毎日毎日針のむしろでしたね。」

「裁判でもあんなことになっちゃって。裁判所が黒だって言えば、誰もが、ああやっぱりあの子が犯人だったんだって思いますよ、私ら無学な人間はね。私だって、自分の子だから信じているんであってね。」

日頃は無口な人だが、この件に関しては、話し始めると堰《せき》を切ったように止まらない。

「だから、再審をして無実を証明すると息子が言ってくれた時は、本当に嬉しかったし、私も何ができるかわからないけど応援したいと思いました。」

「長い裁判になることは覚悟していますよ。いつだったか、夜中にあの子に『私が生きているうちに決着がつくかねぇ』と言ったら、あの子は笑いながら、『大丈夫だよ』と言ってくれました。今はその言葉を信じてるんです。」

A子さんの現在

筆者は二〇〇一年と二〇〇五年に合わせて二回、A子さんに会っている。

河合さんは出所後A子さんと一切連絡を取っていないし、居所を調べたりもしなかった。河合さんが再審を請求し、自らの無実を立証しようとしているその行動――それは、逆に言えば、A子さんが犯人であることを今になって証明しようとする行動である訳だが、今の河合さんにはA子さんに対する特別な感慨は一切ないという。

「今、A子さんに対して言いたいことはありますか」という質問に対して、河合さんはただ一言、

「自分が殺したということを、今からでもいいから、言ってほしいですね」と答えた。そして、それが自分のためになるのはもちろんだが、「二男の供養にもなりますしね」とぽつりと言った。

A子さんはすでに引っ越していた。筆者は河合さんから得た情報をもとに、住宅地図に当たり、A子さんの旧姓などを手掛かりにして居所を捜した。

二〇〇一年に訪ねた時には、A子さんは長男と二人で二軒続きのアパートに住んでいた。玄関の横に高級そうなよく磨かれた単車が置いてあった。長男はこの時高校三年生になっていた。訪ねると、奥の方で女性の明るい声がして、間もなく玄関先に出て来た。河合さんが写真を一枚も持っていなかったので、会う前には想像もつかなかったが、「やや小柄で肉付きがよく、明るい感じ」と河合さんに教えられた通りの四十歳代の婦人だった。「A子さんですね」と念を押すと、「はい」と答えた。この時にはまだ笑顔だった。

筆者が来意を告げるために、「古い話で、思い出したくもないでしょうが……」と始めると、急に表情が強ばり、次の瞬間黙ったまま横の台所らしき所へ体を隠した。そしてそこから「帰って下さい」と言った。こちらは河合さんが無実を訴えて再審請求する準備をしていることを短く伝えた上で、それについて意見でも感想でも伺いたいと言った。A子さんはその場で一応聞いていたが、すぐにもう一度「帰って下さい」と繰り返した。「少しの間外で待ちますので、気が変わったら出て来て下さい」と言い残して玄関を出た。その後、外の通りで待っていると、三十分位して男性の運転する軽自動車がやって来て（その男性は自らを大家だと名乗った）、A子さんを乗せて去って行った。この間A子さんは一言も発しなかった。

二〇〇五年の春、もう一度A子さんを訪ねた。夜、A子さんが近くのコンビニエンスストアへ行こうとして自宅から出て来たところを、路上で声を掛けた。一度目に会った時から四年が経っていたが、その変ぼうぶりは四年よりはるかに長いものに思えた。そして少しやせていた。暗い道でいきなり声を掛けられ、A子さんははじめは少し驚いた様子だったが、すぐにあきらめたのか、筆者が歩きながら質問をするのに対し、小さな声で答えてくれた。

「河合さんが再審の申し立てをします。知ってますか。」

「そうらしいですね。」

「どう思います。」

「今は息子と二人で静かに暮らしているんです。そっとしておいて下さい。」

「何か言いたいことはないんですか。」

「もう勘弁して下さい。」

A子さんがコンビニエンスストアに入り、買物をしている間筆者は外で待った。

「事件のことを思い出すことはありませんか。」

「もう本当に、そっとしておいて下さい。」

「亡くなった息子さんのことでは？」

「事件のことは思い出さないけど、息子のことは……」

A子さんはここで突然涙ぐんだ。そしてそれ以上はしゃべらなかった。最後にもう一度、

「もう、そっとしておいて下さい」

と言ったところで、A子さんが少し歩くスピードをあげ、それで短い会話は終わった。

その他の関係者

事件の発生直後からA子さんと一緒に、しばしば飲み屋に現れた浜松東署のY刑事は、今は警察官を辞めて、民間の会社で働いている。捜査に当たった刑事と事件の重要参考人との交際は、それ自体が奇妙だが、裁判の期間中もA子さんの側にいて、A子さんが不用意な発言をしないように忠告を与えていたといわれる人物である。

電話での取材に対し、Y氏は、当時A子さんと付き合っていたことを認めた上で、

「世間的に見て、それが問題だと言われればそうかもしれないが……」と語った。しかし、

「A子さんは当時あなたの家に泊まっていたという調査員の報告があるが」

という質問に対しては、

「それはない。一緒に飲むくらいの付き合いだった」

と否定した。さらに、

「事件とは関係ない。あくまで個人的な普通の男と女の交際だ」

と語った。筆者が、

「しかし、裁判の最中であればどうしても二人の間でそういう話になるのではないか。『二人で尋問の練習をした』とA子さんはMという店の客にも語っている」

と質問すると、

「そういう話を彼女の方からしてきたことがあったかもしれないが、そういう時には自分としては、『本当のことを言うしかないね』というぐらいのことしか言わなかったと思う」

と語り、A子さんとの交際が事件や裁判とは無関係であることを強調した。


浜松医科大学の鈴木修教授（当事助教授）は、この事件の最も大きな争点の一つである「鑑定書」を書いた人物である。警察の嘱託を受けて事件当日被害者を司法解剖し、その死亡推定時刻を前夜の午後九時二〇分から当日の午前三時二〇分と判定した。これは河合さんの有罪を決定づけた鑑定であり、河合さんは警察の意図に沿った悪質な嘘の鑑定であると主張している。

電話取材に対して鈴木教授は、はじめに、

「あの事件は今も覚えている。難しい事件だった」

と語った。しかし、詳しい鑑定内容については、

「警察の嘱託を受けて鑑定をしているのであるから、その内容をあなたにしゃべることはできない」

と一般論を語った上で、

「もちろんそこに何らかの不正があるという場合には、医師の良心として敢えて公表することもあるかもしれないが、この事件はそうではありません」

ときっぱり語った。

鑑定内容には今も自信を持っているということになるのだろうか。今後の再審請求の中では、鑑定書に書かれた死亡推定時刻が最大の争点になるのは間違いない。

新しい鑑定結果

この事件の最も重要な証拠である被害者の「死亡推定時刻＝前夜九時二〇分から当日午前三時二〇分頃」という鑑定結果が打ち破れるかどうかが、この再審請求が認められるかどうかの一つの鍵になる。事件のあった日の前夜から当日の朝にかけての、河合さんがA子さんと一緒にいた時間を全て含むこの鑑定書の記載は、いかにも恣意的で、警察の思惑通りに算出した疑いが濃い。しかし、法医学者が出した結論に対しては、別の法医学者が科学的根拠を示してそれを打ち破るしかない。焦点は河合さんがA子さんの家を出た午前三時半だ。

最近の弁護団会議

河合さんは、「A子宅を出る時、家の中は何事もなかった」と断言している。事件が発生したのはそれ以後、つまり死亡推定時刻が午前三時半より後だと証明されなければ、河合さんの無実も立証できない。

日本医科大学・大学院、法医学分野の大野曜吉教授から鑑定書が小川弁護士の手元に届いたのは、二〇〇五年の三月だった。再審の申し立ては二カ月後に迫っていた。

結論から先に書く。

「本件被害者の死亡時刻は、大凡八月二三日午前四時から六時頃と推定される。」

小川弁護士は事前のやり取りや電話などでおよそのところはわかっていたが、こうして鑑定書にきちんと書かれたものを見た時、この再審請求の準備の中で初めて、手応えのようなものを感じたという。

河合さんも同様だった。自らが獄中で勉強し、導き出した結論とそう違わないこの鑑定内容は、ずしりと重く心に響いた。

拘置所で必死に専門書を読み、死亡推定時刻を計算して出したのは今から八年前、最高裁に上告中の頃だった。

科学的な「御墨付」を得るのに要した時間としては、ずいぶん長い道のりだった。

大野教授の鑑定書のおおよその内容を見てみる。

再鑑定のために小川弁護士から大野教授に渡された資料は、全部で二三点にのぼる。現場の実況見分調書から解剖時の写真、捜査報告書、判決文、さらに鑑定書を作成した浜松医科大学の二人の法医学者の証人尋問調書などである。

再鑑定ではまず、死後経過時間の算出の一般的な方法について論じている。死亡推定時刻は、死後硬直、死斑、角膜の混濁、そして直腸温（体温）など、死亡後の時間経過と共に変化するものに着目して、総合的に判断を下すのだが、やはり中心となるのは直腸温である。死後何回か（たとえば死体発見時、捜査開始時、解剖時など）の測定値をもとに計算するのだが、ここで大野教授は、はっきりと「直腸温は死後逆S字型に緩やかに降下する」と現在の通説を述べている。

「直腸温は死後直線的に降下する」と想定して死亡推定時刻を算出した最初の鑑定書は、その基本から間違っているということだ。

それは、法医学に関して全くの素人であった河合さんですら、何冊かの本を読めばすぐに理解できた基本中の基本である。

具体的な計算方法については、非常に専門的になるので割愛するが、現在ではコンピュータによるシミュレーションプログラムを使い、与えられたデータをパソコンに入力してその近似解を求めていく。この際被害者の直腸温だけでなく、死体のあった部屋の気温や死亡した人の体格もインプットされる。当時の室内の気温や死亡したT君の腰回りなどの正確なデータがないため、その分計算の幅が広がり、死亡推定時刻も幅を持つことになる。こうして計算された結果、T君の死亡推定時刻は三時三二分から六時四四分の間に近似解が納まったが、大野教授は早い方と遅い方の極端な例をカットし、概ね四時から六時との結論を導いた。そしてこの結論が、他の要素、つまり死後硬直や死斑、角膜の混濁などの進行状況と照らしても不合理は生じなかったと結論づけている。

そして警察の嘱託を受けて行われた最初の鑑定について、次のように論じている。

「鑑定人らは剖検時の直腸温から遡って、一時間当り0.5から1.0の低下として死亡時刻を推定しているが、このことには二つの点で不都合がある。一つは前記した通り、直腸温は直線的に低下するものではないことであり、それを直線的に計算したのでは根拠を持って鑑定したことにはならない。第二には小児の身体が大人に比べて小さく、直腸温の低下も速いという原則を考慮していないことである。

従ってそのような明らかな誤りを基にした推定では、その結果が誤ったものとなるのは当然であり、その結果、本件事件の真相を誤った方向に誘導したものと思われる。」

法医学という狭い学会の中で、別の学者の書いた鑑定書の間違いを指摘するのは、非常に気を使うし、やりにくい作業である。大野教授によれば、最初の鑑定書を書いた浜松医科大学の鈴木教授とも、学会などで顔を合わせることがよくあるという。そんなためか、一般的には、再鑑定という作業は敬遠され、引き受けてくれる学者がなかなか見つからないのが実情である。

筆者の取材に対して大野教授は、

「確かにいやな仕事ですね。だから簡単には引き受けない。引き受ける前には相当時間をかけて調べます。でも、引き受けたからには裁判で勝たなければ意味がない。そのためには、知っている学者の鑑定書に対しても、おかしい点はおかしいとはっきり言わざるを得ない。最初の鑑定には致命的な間違いがある。第一に直線的に死亡推定時刻を出している点、これは大きな間違いです。最初の鑑定に当たった鈴木教授の名誉のために言えば、教科書には直線的に算出する方法も確かに書いてある。しかしそれは、おおよその値を得るためのもので、実際の鑑定作業に使えるほど正確ではないんです。そして第二には、被害者が子供であるということを考慮に入れていない。大人と子供とでは直腸温の低下速度はぜんぜん違います。それらを考えれば、死亡推定時刻は、やはり、午前四時以降になると

無実訴え再審請求へ

浜松の河合さん　殺人罪7年服役

浜松市で91年8月、交際中の女性の次男（当時5）を浴槽の水につけて殺害したとして、殺人罪で懲役7年の実刑判決を受けて00年に服役を終えた同市の建設業河合利彦さん(46)が12日、東京高裁に再審請求を申し立てる。捜査段階でいったんは「自白」したが、裁判では一貫して無実を訴えていた。依頼した専門家が今年3月に新鑑定を出し、その死亡推定時刻から、「アリバイが成立する」と主張している。

法医学を独学　アリバイ主張

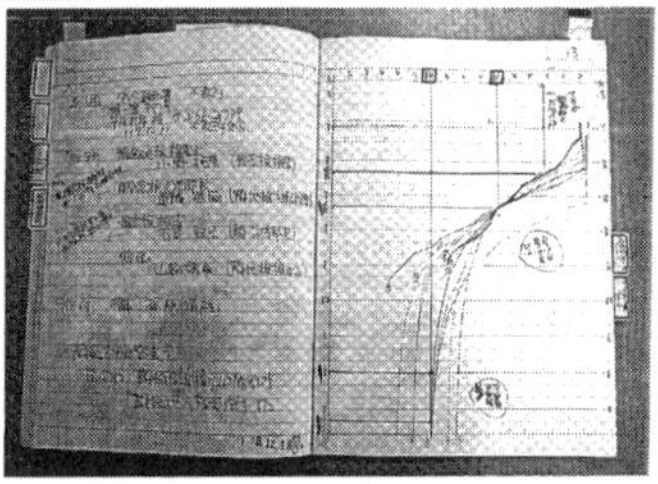

河合さんが拘置所でつづった大学ノート。専門書に基づき、死亡後の体温の推移を外気温ごとに試算した

91年8月23日朝、浜松市和田町の女性（当時32）宅から、女性の次男がうつぶせに倒れていると通報があった。県警は当時女性と交際していた河合さんを疑った。

河合さんと女性は23日午前0時40分ごろ女性宅に帰宅。長男（当時8）と次男は布団で寝ていた。河合さんは午前3時半ごろ、新聞配達のために女性宅を出た。

女性の証言などから、河合さんは24日、次男を浴槽につけて殺害したとして逮捕された。次男の死亡推定時刻は22日午後9時20分～23日午前3時20分とされた。

河合さんは犯行を否認したが、逮捕から1週間後に「自分がやった」と自白。その後も否認と自白を繰り返し、公判では一貫して無実を主張した。

地裁浜松支部は殺人罪で懲役10年の実刑判決を言い渡した。二審の東京高裁は懲役7年を言い渡し、98年4月、最高裁で上告が棄却されて実刑が確定した。

風呂場が女性の片づけ方と違う方法で片づけられていたことや、河合さんが普段から懐かない次男をせっかんすることがあったことなどが状況証拠とされたが、河合さんを犯行と直接結びつける証拠はなく、唯一の客観的証拠とされたのが死亡推定時刻だった。

一審判決後、河合さんは拘置所で法医学の本30冊ほどを購入して読んだ。本には「死亡推定時刻は通常、遺体解剖時の直腸温度を基に、温度が下がるのに必要な時間を逆算して算定する」と書かれていた。

証拠として採用された鑑定は、死後の体温が直線的に下がるとしていた。河合さんは素朴な疑問を抱いた。「体温は外気温との差の大きい初期の方が早く、その後はゆっくりと下がるのではないか」

専門書を基に試算した。すると、死亡推定時刻は23日午前6時20分～7時20分と出た。この時刻なら、新聞配達のために家を出ており、アリバイが成立する。

昨年8月、河合さんの弁護士から鑑定を依頼された日本医大大学院の大野曜吉教授は、司法解剖の約5時間前に県警が測った直腸温もデータとして使い、外気温や体の大きさなども加味してモデル曲線に当てはめ、死亡推定時刻は23日午前4時～6時ごろと結論づけた。河合さんの試算に近いものだった。

小川秀世弁護士は「2つの直腸温データから割り出した大野鑑定は信用性が高い。午前3時半以降のアリバイは公判でも争いがなく、無実を証明できる新証拠だ」と期待を寄せる。

河合さんの再審請求を伝える
地元紙（2005年5月）

いうことです。」

小川弁護士の解説によれば、大野教授のこの鑑定書は、非常に大きな意味を持っているという。つまり、この鑑定書は、犯行時刻に河合さんが事件現場にいなかったことを証明している。だからこの新鑑定はアリバイ証拠であるというのである。

その意味ではこの鑑定書は、非常に強

力な新証拠と言える。

再審請求

二〇〇五年五月一二日、河合利彦さんと弁護団は、東京高等裁判所に再審請求の申し立てを行った。その日はちょうど五年前、河合さんが出所した日だった。逮捕されてから一三年と九カ月が経過していた。

申し立てを行った後の記者会見には、二十人以上の記者が出席し、十台近いテレビカメラが並んだ。河合さんは、「『開かずの門』と言われているその門を、今、たたいてきました」と挨拶した。

「嘘の自白」によって自ら被ることになった汚名を雪《そそ》ぐための闘いが、今ようやく、始まった。当り前のことだが、これは到達点ではない。長い裁判の第一歩が、この日、ここからスタートした。

【資料】

A子さんの第二の自白テープ

録音日時　一九九一年八月二九日
午後五時五七分から六時三四分まで
場所　浜松東署取り調べ室

取調官　今から殺人被疑事件について取り調べしますが自己の意志に反して話をしなくていいけれども真実の話をして下さい。
取調官　被疑者。
A子　私、△△A子です。
取調官　それじゃ、その今から話を聞くけどね、えー、息子さんのTさんが殺された。
A子　はい。
取調官　その事件。
A子　はい。

取調官　当夜の行動でね。
A子　はい。
取調官　飲んで。
A子　はい。
取調官　帰ってきた。
A子　はい。
取調官　そのあたりからの状況を話ししてもらえる。
A子　はい。とー、のん、飲んで帰って来たのは八月二三日の午前一二時三〇分頃です。
取調官　午前十二時　午前〇時
A子　あ、はい、三〇分ころです。それで、私はジーパンだけ脱いで上はその出掛けた時の洋服のまま、あの、おふとんに、多分おふとんだと思うんですけど、あの、寝ました。河合さんは、多分ベッドだと思うんですけど、あまりはっきり覚えていません。で、あの、上のお兄ちゃんが河合さんとなんか話をしている声が耳についたもんですから、あの、話の内容とかはっきりわかりませんが、あのー、その時に、気がついた時に目覚めたらふとんのところに、ベッドのすぐとこの、おふとんのところに寝ていました。
それで、起きなかったんだけど、ちょっと目を、なんか寝ぼけまなこじゃないけど、ただ、

Tのベッドの隅っこの方で、なんか、ぼけーとしたような感じで胸のあたりから上は見えてました。

私の方を見てたっていう訳じゃないですけれど、まっすぐ見てたような気がします。で、いつもだったら、あの、お母さんお母さんどこ、とかって言うもんだから、そう言う時は自分の所に連れて来たり、T、こっちにおいでって言って自分のそばにTを、あのー、寝かせて、あのー、寝かせるんですけど、その時は、Tは別にお母さんとも何も言わなかったもんだから、まあ、気にもとめずにそのまま、また寝ちゃいました。で、あと、あと、その時だったか、そのすぐ後だったかどうかもちょっとはっきり覚えていないし、Tが、そこに、ベッドんとこにいたのか、さ、先か後かわかんないですけど、ベッドの上で何かごそごそ、あの、人が動いているって言うのか、何か、何か動いているような感じでした。まあ、何をしているかは、はっきり見てないもんだから、あ、うごい、誰、誰かって言うか、人が動いているな

位にしか思わなかったし、あーT、Tがいたとしたら、Tがお母さんとやっぱり、じゃ呼ぶもんだから、それもなかったから、また別に気にもとめずにそのまま寝ちゃって、で、どの位寝たかはわかんないけれど、Tが水が欲しいとかって言って起きて、起きて、ふんで、台所の方に水をくみに行って、コップに水をくみに行って、Tに飲ませました。そしたら、ぐずぐず言って人を起こしたわりには水を一口だか二口、ほんとに少ししか飲まなかったもんだから、ちょっと眠いのと、あの、気持ちよく酔っ払って帰ってきたのと、あったもんだから、ちょっと、頭にきちゃって、いつもだったら、もー、これしか飲まなくってーって言いながらも、すぐおふとんにもどって、Tも早く寝なよって言う位にしか、で、すんじゃったんだけど、その日はやっぱり眠くて、気持ちよく酔っ払って帰ってきたところを起こされちゃったっていうのもあったもんだから、何かいつもより多くTをたたいちゃったような気がします。でも、そんな、頭にあざが残るとか傷がつくとか、そんなふうになるまで、自分はたたいた記憶はありません。

取調官　水を飲ませたとか。

A子　はい。

取調官　たたいた。

A子　はい。

取調官　ね。
A子　はい。
取調官　その場所はどこ。
A子　たぶんテーブルが、テレビの置いてあるテーブルのところだと思います。
取調官　たたく方法は、たたいた方法は。
A子　平手だと思うんですけど。
取調官　平手でどこを。
A子　いつもはほっぺた。
取調官　じゃあその日。
A子　二回位、その時は、やっぱり、最初平手で殴ったと思うんだけど、その後は、もう、なんか、無我夢中じゃないけど、はっきりどこを何回たたいたとかってゆーのはわかりません。
取調官　殴ったりしたということ、そのあとは。
A子　そのあとは、で、いつもだったら、や、ま、よっぽど頭にきた時は、平手で一回か二回殴って気が済むじゃないけど、おさまって、あのやっぱり、おふとんに戻ってTと一緒に寝ちゃうんですけど、その日は……
取調官　うん、その日は。

A子　その日は、気持よく酔っ払って帰ったってせいもあって……人を起こしてまで、あの、ない、人を起こして水を飲ませたわりには、少ししか飲まなかったから、怒れてきて、もうちょっと飲みなよ、みたいな感じだったたと思います。

それで、その後、お風呂場に行ってるんですけど……

T、Tの足首をつかんで立ってる、足首をつかんで立ってる、自分、自分、自分か、河合さんがお風呂場に、何か、立ってたような気がするし、でも自分はTの足首をつかんだってゆう、その、足首つかんでどうしたかってゆうとこまで覚えてないけど、足首つかんだってゆう、つかんでるってゆうのだけ、頭ん中にこびりついちゃってて、その前後の行動ってゆうのは、全く、はっきりどう、どうやってお風呂場に連れて行ったのかもわかんないし……わかんないし……で、おふ、お風呂場から、お風呂場からテレビがある部屋に戻ってるんですけど、戻ってるんですけど、その時も自分が、だっこしてきたのか、なんか河合さんが、あのー、だっこしてってくれたようにも思うし、あともコタツところ、テレビのある部屋で、自分と河合さんが座って、Tをそばに寝かしてあって、なんか話してる私と河合さんが、うー、どう、どうするのとか、どうしようとか、そうゆう話、座って話してる場面が頭ん中にあります。もう、詳しい内容は、はっきり、Tをどうするのとか、電話のこととか、それ位しかわかりません。

取調官　もっと具体的に、ひとつあのー、風呂場や、T君をだれが連れて行ったか、というところをもう少し具体的に話をしてくれない。そうすると、テレビのある部屋でTちゃんを殴ったりしたことは間違い。

A子　ありません。

取調官　そうすると、そこから先のことを、もうちょっと具体的にね、どうしてお風呂に、今話したようにね。

A子　はい。

取調官　連れていったのか、どんな状態で、連れていったのか、その点はどう。

A子　はっきり、はっきり、はっきり言ってどういう気持ちでお風呂場に連れて行ったのか、なんで水飲ませようと思った時にお風呂場なのか、はっきりわかりません。普通だったら、テーブルの上にある、ね、お水飲ませるし、残ってるやつ飲ませるし、もし、そこんところは、なんんか、もう。

取調官　だれがお風呂場までT君を連れてったの。テレビのある部屋から。

A子　自分だと思うんですけど。

取調官　連れて行ったのは自分だと。

A子　思うんですけど。

取調官　そうすると、じゃ、その、連れて行った、連れて行くについての状態はどう。状態は。

A子　連れて……だっこして行ったのか、こっちに来なって引っぱったのか、もう、夢中、夢中だったたし、もう頭にもきてたし、も、頭ん中整理つかないし、ただ、お風呂場ってゆう、自分がいるってゆう状態しか。

取調官　そんじゃ、お風呂場へ行った、その時の、おー、お風呂場の電気、なんちゅうのは覚えてる。風呂場の電気は。どう、風呂場の電気、明かりの関係は。

A子　なんか、うっすらだったもんだから。でも、お風呂場へ行くまでには暗いから、でもはっきり、電気が台所の電気がついて明るかったってゆう感じはないです。

取調官　真っ暗だとちょっと、あのー、行きずらいがね。

A子　はい。

取調官　うん。

A子　とか。

取調官　電気はどこに、どこに電気がついてたような記憶があるの。

A子　はっきり、どこだって、はっきり、わかりませんけど、うっすらってゆう感じに位しかわかりません。

取調官　じゃ、テレビのある部屋で、お水をT君にくれる時は、電気はどうゆう状態だったの。テレビのある部屋。

A子　テレビのある部屋……

自分がテレビのある部屋、電気つけた覚えはない、なくって、でも、あの、ふすま開けておけばあの、おふとんひいてある部屋は小ちゃい電気つけてあるもんだから、真っ暗ってゆうことはないし、外の電気も少し入ってくるから。

取調官　じゃ、電気についてはちょっと、テレビがある部屋はつけたような記憶がないということ。

A子　ないけど、話をしてる時は電気はついてたような。

取調官　うん、そのあと、そのあと場面でね。

A子　うん。

取調官　そうすると、お風呂場へ連れて行ったのは。

A子　うん、たぶん、私だと思います。

取調官　お風呂場へ行ってから、入ってから、入ってから、からのことを話してみてくれる。

A子　入ってから、最初は。

取調官　うん。

A子　最初は、私が、あのー、台所と、あのテレビのある部屋の、あの、ガラス戸の所から河合さんに、何してるのってゆう、話しかけたってゆうっか、ずうっーと記憶してたんですけど、で、で、そこに河合さんが、T、死んじゃったーってゆったもんだから、あわててお風呂場に自分がその時行ったって、ずっと思ってて、で、開けた時に河合さんが立ってたってゆうふうに、ずっと記憶してたんですけど。私、自分がTの、なんか、足首をもったっていうだけ、もったってゆうのだけ頭にこびりついちゃっているもんで、その、前後っていうのは、自分が本当にどうしたか、Tに、自分でつけちゃったのか、どうかってゆうのも……とにかく足首持った、持っている、持ったっていうだけしか、なんか、そこを、持っているってゆうのしか、せん、鮮明ってゆうか、はっきりわかんないもんで。

取調官　風呂場のどこで、T君の足首を持ってることが鮮明に思うの。この洗い場か、浴槽の、位置的に。

A子　位置的に……いや、そん時、Tの顔も何にも覚えてないもんだから、Tがどうゆう顔してたとか。私は覚えてるのは、朝、救急車に電話する時に起こそうとして、した時のTの顔しか、はっきり、覚えてないもんだから。その時、お風呂場側に、お風呂の湯舟の方にTの顔があったのか、洗い場だったのか、ちょっと。

取調官　いま、えー、あんたが立っていた場所はどこらへんになるわけ。
A子　自分が立っていた場所。
取調官　そん時の、その鮮明に。
A子　何か、周りがもう、何か、真っ暗みたいな感じになっちゃって、真っ暗みたいな、周りが見えないみたいな感じで、だもんだから。
取調官　だけど、毎日、あの、お風呂に入ってるだもんで、ほとんど。
A子　はい。
取調官　だから、お風呂はどの辺りに、浴槽があるとか、それから、わかりゃしない。
A子　あー、どこに何が置いてあるとか。
取調官　うん、例えば水の中へ、ね、お風呂の中へ入れば音がするとか、ね。どう、そこらへんの自分の頭に残っていることは。
A子　わかりません。
取調官　それじゃ、その、先の状況を話してみてくれる。その先の状況。
A子　お風呂場から出た時、降りた時は、ちょっと覚えてないんだけど、途中で河合さんがTを自分がだっこして、連れてだっこして行くからと言って、連れてってもらった、だっこして連れてってもらったような気がします。

取調官　それも、河合さんにTちゃんを渡した位置はわかる。

A子　靴箱がある横あたりってゆうか、お風呂場から出て一段下がってるもんだから、台所から、台所んとこと、お風呂場の足ふくとこと、一段下がってるもんだから、そこじゃなくって、そこの台所と同じようなところだもんで、ここ一段上がってすぐか、ちょっと歩いて靴箱の横あたりだと思うんですけど。

取調官　そうすると、あんたはね。

A子　はい。

取調官　お風呂場から、じゃ、ここのそこまで自分が。

A子　Tを、はい。

取調官　Tちゃんを。

A子　はい。

取調官　連れてきているわけ。

A子　だと思います。

取調官　じゃ、その時、どういう状態でTちゃんを連れてきてる。

A子　河合さんに渡す時は、こー、だっこしてるのを、そのまんま河合さんに渡したような気がするもんだから。
こー、足首持ってて、どうやってだっこにかえたかわかんないけど、渡した時には、だっこしてる状態で渡したと思うもんで、お風呂場ん中で足首からどう、抱きかかえるのにどうしたか、ちょっとわからないです。

取調官　その時のTちゃんの状態はどう、Tちゃんが動いたとか。

A子　もー……

取調官　Tちゃん、表情とか、体の動きは。

A子　さっきもゆった様にTの顔は、朝見つけた時の顔しか、本当にはっきり覚えてないもんで、その時にTが暴れたってゆう感じがないもんだから、河合さんに特に、すって、渡したような気がするもんですから。

取調官　暴れたとゆう感じはない。
動いたの、動きは。

A子　なかったと思います。

取調官　それじゃ、それで、渡したね。
渡して、えー、そのあとの河合さんの行動とか、自分の行動をちょっと話してみてくれる。

A子　で、コタツの所へきて、自分の位置は、はっきり、あの、コタツと、あのー、ガラス、ガラス戸の間っていうか、ガラス戸の南側でコタツの北側の所に座って、で、大体河合さんは、私の横か、なんかに座るから、いつも、だもんだから、こっち、こっちだったような、もう、おふとんとおふとんの敷いてある部屋とテレビのある部屋の、ちょうどふすまとコタツの、まん、真ん中ってゆうか、だと思います。それで、座って、で、うん、Tどうする、どうするのとか、どうしようとかって、そうゆう話を、もちろんしたんだけど、その詳しい話、私は耳に残っているのは、河合さんが朝になったら、私が起きた時に電話すればいいよって、言われたような気がします。だから、じゃ、それまでどうすんのっていう感じのことを、きい、ゆったと思うんですけど。そしたら、うーんAちゃんはそれまで寝てればいいからって言われたもんで、で、たぶん河合さんのね、その言葉によって安心しちゃって、私、おふとんの方に、Tをテレビのある部屋に置いたまま寝ちゃった。朝まで寝ちゃった。

取調官　そう、その時、Tちゃんはどの位置にあったわけ。ね、ね、寝かせておいた場所っていうのは。

A子　私と河合さんの真ん中だと思うんだけど。こう向き合って座っていて、その真ん中か、河合さんの、とにかく、ここじゃ、ここっていうか、出入り口の所じゃなかったと思うんですけど。

取調官　発見された時は、発見って、警察がきたね、その時の位置とは違うということ。

A子　私が朝、あのー、救急車に電話した時は、あのー、台所と、あのー、テレビのある部屋の、ガラス戸があって、すぐ、あの、南側んところに、東の方に頭向けて、えーと、どっちの足だっけ、片っぽの足は曲がって、手はグーってゆうか、こう、握りしめてるような感じで、うつ伏せになっていました。
取調官　そうすると、おー、お風呂の方から連れて来た時ね。
A子　うん。
取調官　連れてきた時の位置は、というと。
A子　こーやって、向い合っている、まん、真ん中か、ちょっと河合さんよりに。
取調官　そうすると、部屋にあったコタツから説明してもらうと、コタツからゆうと、どっちの方角。
A子　コタツから言うと、私がここにいて……せい、せい……ここにいて、せい、西北。
取調官　西北。
A子　こ、ここにいて、なんかここらへんに河合さんがいて、私がいて、なんか……
取調官　そうすると、コタツを中心にすると、コタツのどっち側に。
A子　あ、北、北側に。
取調官　北側に自分が。
A子　座って。

取調官　座ったわけ。その時、じゃ河合は。
A子　河合さんは、たぶん西側の方に。
取調官　西側の方に。
A子　はい。
取調官　座ってる。
A子　はい。
取調官　その。
A子　はい。
取調官　置いた所は、Tちゃんの寝かせた所は。最初に、あいだということ。
A子　だと、思うんですけど。もうその時は話……
取調官　話の具体的内容ってゆうのは、ちょっと。
A子　うーん、電話のことと、寝てればいいからっていうことだけが、頭に残ってて、その前後の会話っていうのは、ちょっと。河合さんがどこに電話すればいいってのかも、わか、覚えてないし、とにかく、朝電話すればいいよってゆうのしか覚えてないもんで……
取調官　うーん、それしか覚えてない。
A子　はい。

取調官　そのころのTちゃんね。
A子　うん。
取調官　そのころのTちゃん。
A子　うん。
取調官　Tちゃんはどうゆう状況かってのは、記憶にはどう。
A子　はっきり、死んだってゆう、死んじゃったってゆうのはわかりません。
取調官　それは死んだじゃないかなーと、そう思ったことはあるわけ。
A子　う、動かなかったし。
取調官　うん。
A子　うん。
取調官　動かなかった、それと。
A子　声も。
取調官　ふーん。
A子　お母さんとも言わなかったし。
取調官　普通、呼吸しているかどうかは、みるでしょ。
A子　そこまでは。

取調官　脈をみるとか。
A子　そこまで、気が、気がってゆうか、頭回らなくて……
取調官　こんときに、T君は、死んでたか、生きてたのかの確認はわかりますか。
A子　わからないです。
取調官　そうすると、連れて行った、ね、テレビのある部屋へ、連れて行ったというけど、連れて行った直後に何かしたようなことある。
A子　Tちゃんに対して。
取調官　あ、こっちに連れてくる途中で。
A子　連れてくる途中、もしくは連れてきて。
取調官　連れてきてから。
A子　うん、置いたというけど、置いてから。
取調官　あ、体、体。
A子　体をどうしたわけ。
取調官　体、ぬれてたもんで。
A子　うん、うん。
取調官　ど、どこからタオル持ってきたかわかんないけど、タオルでふいてやったような気がするんですけど。でー、Tシャツだけ自分が持ってきたような感じが。パンツは見つかんなかったもんで、だもんで、そんなに一生懸命じゃないけど、パッ、パッ、パッ位にふいて……

取調官　取り調べを終わりますが、今、話したことは間違いありませんか。

A子　はっきりしない、はっきりしないとこがいっぱいありますけど間違いありません。△△△A子。

取調官　今の時間は何時ですか。

A子　六時三七分。

取調官　録音、終了します。

第二部　冤罪の構図

一、捏造する検察官

「捏造」と「拷問」

冤罪は日本中で起きている。しかし、河合さんの住む静岡県では、なぜか他の土地に比べて冤罪が多い。静岡県警の体質なのだろうか。「証拠の捏造」と「拷問」という点では確かにそうかもしれない。小川秀世弁護士は言う。

「戦後、刑事訴訟法が新しくなった。それにより警察の捜査も変わらざるを得なくなった。怪しい人間を誰かれなく警察に引っ張って来て白状させる。戦前はそれが簡単にできたのに、新刑訴法のもとではそうはいかない。何をするにも令状がいる。これでは犯罪の捜査はできないと現場の刑事は嘆いた。地方の警察ほどそうだったんです。新しい刑訴法になかなかなじめなかった。しかし、一方では犯人の検挙率の低下は、警察にとっては大問題です。そういう板挟みの中で、証拠の捏造や暴力を用いた自白の強要が横行するようになり、それが冤罪を生んでいったのです。」

戦後の刑事訴訟法のもとで、静岡県内で発生した主な冤罪事件を見てみる。

幸浦事件

一九四八年一一月、磐田郡幸浦村（当時）で一家四人がある日こつ然と姿を消した。警察は殺人事件に巻き込まれた可能性があるとみて捜査し、翌年四人の男性を逮捕した。主犯とされた男性は厳しい取り調べの末、四人を殺したと自白した。さらに、死体を埋めた場所を捜査員に教え、その場所を掘り返したところ、そこから四人の死体が発見された。

刑事訴訟法の用語ではこれを「秘密の暴露」という。真犯人の自白には必ず犯人だけしか知らない秘密（この場合は死体を埋めた場所）が語られるはずであり、自白の中に「秘密の暴露」があることが、その自白が真犯人のものであることを示す証拠になると考えられている。

しかし、この事件では「秘密の暴露」が実は捏造であったことが、裁判の過程でわかった。警察はこの男性を浜辺に連れて行く一週間前に、海岸をくまなく調べ、四人の死体をすでに発見していた。そして当日は、この男性が場所を間違えないように、捜査員によって事前に目印となる棒が刺してあったことが法廷で明らかになった。

この男性は一審二審とも死刑判決を受けたが、最高裁で差し戻され、ようやく無罪となった。しかし本人は無罪判決を聞く前に獄中で亡くなった。

この男性は法廷で「焼けた鉄火箸を手や耳に押し付けられた」と、自白が拷問によるものであることを訴えたが、裁判所はこれを認めなかった。

この事件では、冤罪を生む要素とも言える「捏造」と「拷問」の二つともが行われた。そして、この事件で捜査主任を務めた国警静岡県本部（現在の静岡県警）の紅林麻雄警部補は「拷問王」とあだ名される人物で、次の二俣事件でもその名に相応しい役割を演じている。

二俣事件

一九五〇年一月、磐田郡二俣町（現在天竜市）で一家四人が殺害される事件が発生した。付近の素行不良者ら三〇〇人以上が片っ端から取り調べを受け、この結果、自分のアリバイを正確に覚えていなかった一八歳の男性が逮捕されたが、現場に残っていた足跡は一致せず、また物証も全くなかった。自白が唯一の証拠とされた。裁判でこの男性は、自白は拷問によるものだとして無実を訴えた。さらに二俣署の巡査が拷問が実際にあったことを法廷で証言した。

「ひいひいという声が（国警の）道場の裏手を通る人に聞こえて具合が悪かったとのことでした。ところが町警察の土蔵で調べた時には、何も外部へは物音が聞こえなくてよかったとのことでした。

そのため拷問するといった取り調べについては、土蔵で行うようになったのです。」

しかし、静岡地裁浜松支部は、こんな重大証言があったにもかかわらず、被告人に死刑を言い渡した。逆に、この巡査は「死刑判決」が出た日に「偽証罪」で逮捕され、「精神疾患」の疑いがあるとされて精神鑑定に付された。さらに免職され、その後放火とみられる不審火によって自宅を失った。

真実を見抜けない裁判所の責任も重いが、「警察」に刃向かうと、たとえ身内の者であろうと、どんなに恐ろしい目に遭うか、徹底的に思い知らされる出来事だった。それは他の警察官への見せしめともされた。

その後、東京高裁も控訴を棄却したが、最高裁が「自白の真実性に疑いがある」として静岡地裁浜松支部に差し戻し、五六年になってやっと無罪判決が出された。

この事件でも、前の幸浦事件と同じく、拷問王紅林麻雄警部補が捜査主任を務めた。三百回以上の表彰を受けたとも言われており、「拷問王」というあだ名が、警察内部では悪口ではなく、ほめ言葉であったことがわかる。新しい刑事訴訟法の下で事件捜査がやりにくくなったとこぼす同僚をしり目に、拷問王紅林は戦前からの捜査の伝統を受け継ぎ、拷問によって自白を取り、捏造によって証拠をでっち上げるという手法を繰り返していた。

島田事件

一九五四年三月、静岡県島田市で六歳の女の子が誘拐され、三日後近くの山中で遺体で発見された。勤め人風の男と女の子が歩いているのを見た人がいるなど、目撃情報は多かったが、捜査は難航した。そして、事件から一カ月半後、警察は、当時放浪生活をしていた赤堀政夫さん（当時二五歳）を賽銭《さいせん》泥棒の別件で逮捕した。この時捜査に当たったのも、幸浦、二俣事件の捜査員らだった。拷問による自白だけが唯一の証拠だったが、静岡地裁は警察、検察の意を酌んだ鑑定書を鵜呑みにして、死刑判決を下した。

この冤罪事件は、一九八九年に再審で無罪が確定したが、赤堀さんは実に三五年間にわたって死刑台と隣り合わせの獄中生活を余儀なくされた。

袴田事件

二〇人を超える大弁護団が組まれ、日弁連や冤罪支援団体なども力を入れている。現在我が国の裁判所で争われている数多くの冤罪裁判の中でもその成り行きが注目される事件である。河合事件の弁護人である小川秀世弁護士も、袴田弁護団のメンバーの一人になっている。

事件は一九六六年六月の深夜、清水市（当時）の味噌製造会社の専務の家から出火し、焼け跡から専務を含む家族四人の死体が発見された。四人はいずれも刃物でメッタ刺しにされて殺されていた。

事件の二カ月半後、静岡県警は、味噌会社の従業員ですぐ近くの寮に住む袴田巌さん（当時三〇歳）を逮捕した。元プロボクサーという履歴に偏見を抱く警察は執拗に取り調べを続け、連続二〇日間一日平均一二時間、長い日には一七時間という異常な取り調べの末、袴田さんを自白に追い込んだ。

裁判で袴田さんは一貫して無実を主張したが、一審の静岡地裁は死刑。控訴、上告も棄却され、一九八〇年に死刑判決が確定した。八一年に袴田さんは再審請求の申し立てを行い、二〇〇六年現在、最高裁に特別抗告中である。

死刑判決が確定してから二五年、現在東京拘置所内にいる袴田さんは「いつ死刑が執行されるかもしれない」という非常に不安定な心理状態に置かれながら一日一日を送っている。最近は精神的に混乱し、弁護士や身内の人が面会に訪れても自分からは会おうとしない。

この事件でも証拠の捏造が大きな争点になっている。それは、殺人事件の重要な証拠の一つ、犯行着衣だった。

検察は裁判が始まった時点ではパジャマで犯行に及んだと主張していた。しかし、袴田さんのパジャマからはほとんど血痕は検出されず、四人に対して合計四十カ所以上も刺した犯人の着衣としては不自然だった。そもそもパジャマで犯行現場に向かうということ自体が普通ではあり得ないと弁護団から追及され、裁判が進むにつれて検察側の不利は誰が見ても明らかだった。しかし、この頃になって、突然検察側は、会社の工場にある味噌タンクの中から多量の血痕がついたシャツやズボンなど五点の衣類が発見されたとして、法廷に提出した。そして、これまで主張していたパジャマは間違いで、スポーツシャツ、ズボン、白の半袖シャツ、白のステテコ、ブリーフの五点が本当の犯行着衣であるとして証拠申請した。タイミングの良すぎる衣類の出現も奇妙だが、見つかったズボンは小さすぎて袴田さんにははくことができなかった。また殺された妻のものとされるB型の血痕については、ありえないことだが、スポーツシャツやズボン、ステテコにはなく、下着にだけ付着していた。

他にも矛盾は多かったが、裁判所は判決で、この五点の衣類を袴田さんが犯行の時に着ていたものであると断定した。

この事件も「拷問」と「捏造」によって冤罪がつくられた疑いが濃厚だが、裁判所によってそれが明らかになることはなかった。そのために袴田さんの死刑判決は確定し、弁護団は再審を求めて争うことになった。しかし、九四年静岡地裁は請求を棄却し、二〇〇四年東京高裁も弁護側の抗告を棄却した。

この再審請求の中で、弁護団は特に五点の衣類が捏造であるという点に重点を置いて冤罪を主張したが、裁判所はこれを認めなかったばかりか、東京高裁の棄却決定の中では、弁護団のこの主張を「荒唐無稽」であると切り捨てた。しかし、そこには明らかに裁判官の重大な勘違いがあった。

次の章では、そうした裁判官のミスや怠慢について述べる。

二、逃げる裁判官　1

捜査機関がたとえ冤罪をでっち上げても、裁判所にそれを見抜く目があれば、冤罪は防げるはずである。現在これほど多くの再審請求の申し立てがあるということが、裁判所の冤罪をチェックする機能が働いていない証拠ともいえる。

二〇〇四年、袴田事件の弁護側の即時抗告棄却決定の中で、東京高裁は「五点の衣類は捜査機関の捏造である」とする弁護側の主張を退けた。その際、裁判官は、「この衣類が味噌タンクに投げ入れられたのは、袴田逮捕より前としか考えられず、捜査機関が逮捕より前に証拠を捏造するなどということはあり得ない。弁護側の主張は荒唐無稽だ」と決定の中で述べている。

しかし、弁護団は、五点の衣類が警察か検察によって味噌タンクに投げ入れられたのは、従業員によって発見される一日からせいぜい数日前で、つまり裁判で検察側の不利がはっきりしてから後のことだと主張している。

なぜ裁判官は弁護側が主張もしていないのに「逮捕前に投げ込まれた」と勘違いしてしまったのだろうか。

決定文のそこのところを（読みにくい悪文だが）原文のまま引用する。

味噌タンクから発見された五点の衣類がねつ造である事をうかがわせるような証拠は何も存在しないだけではなく、これらの発見経過などに照らしても、ねつ造の疑いは容易には生じないものである。すなわち、同衣類は、本件犯行から一年二カ月後の昭和42年8月31日に味噌工場の一号タンクの底から約3.5センチのところに麻袋に入れられてあるのを、同タンクの味噌出しをしていた従業員によって発見されたものであるところ、同タンクは深さが1.65メートル以上もあって8トン以上の味噌を約一年間仕込むものであり、昭和41年には7月20日に約4.3トン、8月3日に3.85トンが仕込まれたものであるから、7月20日以前でなければ、上記の様な位置に衣類入りの麻袋を置く事はできなかったものである。請求人が逮捕されたのは同年8月18日であり、捜査機関がその一カ月以上も前に（請求人の取り調べは7月4日に一回任意で行われているだけである）、五点の衣類という証拠をねつ造しておくなどという事はおよそ考えられないのであって、このような想定は余りに荒唐無稽なものという他ないであろう。

つまり裁判官は、この味噌タンクでの味噌の仕込みの状況と五点の衣類があった場所から一九六六年七月二〇日以前（袴田さんの逮捕以前）でなければならないと自分で推理をした訳だが、この推理は全く根拠のない、また実際の現場の様子を全く知らない人の思いつきにすぎなかった。

この味噌タンクは、タンクとは言うものの密閉されたものではなく、実際は縦横深さがそれぞれ二メートルの、巨大なコンクリート製の升を考えればいい。そのため、上から何かを投げ込むことはいつでも可能で、さらに衣類が発見された頃には味噌の量は相当減っていた。また味噌そのものも堅く固まったものではなく、いわば炊いたごはんのような状態だということであるから、上から投げ込んで、その後棒などを使って押し込めば容易に底の近くに達する。

弁護団の主張は複雑ではない。首尾一貫している。「パジャマで犯行に及んだという検察の主張には無理がある、裁判の流れの中で検察自身もそう考えたのだろう。裁判の不利を挽回するには、本物らしく見える犯行着衣を捏造して袴田さんの生活圏の周辺から見つかるようにするしかない。しかし、ほとんどの場所は捜査段階ですでにくまなく捜索しており（実は味噌タンク内もすでに捜索していたのだが）、タンクの底の方なら見過したと言い逃れすることもできるだろう。そこで五点の衣類が用意され（袴田さんのサイズも確認しないほど杜撰だった）、それに血痕を付着させ（上着に付け忘れ、下着にだけ付着させるというミスを犯した）、味噌タンクに投げ込んだ。従業員が衣類を発見した日の前日は工場は休みだったから、人目につくこともなく投げ入れることができたはずだ。」

弁護団の証拠に基づいた主張である。荒唐無稽なところは何一つない。静岡県警の冤罪の歴史を知っていればなおさら十分うなずける主張と言える。むしろ「荒唐無稽」なのは現場の状況を理解せずに、勝手に自らの推測を語る裁判官である。弁護側から提出された書面をきちんと読んでいれば、こんなミスは起きなかった。

それはあってはならないミスであり、五点の衣類がこの再審請求審の中心的な争点である以上、この決定は見直されなければならないはずだ。しかし、実際には裁判所がそうした勘違いや間違いを指摘されて、それに対し、誤りを認めて訂正したたということは、過去には一度もない。

袴田弁護団はすぐに最高裁に特別抗告を行ったが、東京高裁のこの棄却決定には他にも重大なミスがいくつもあった。また、この棄却決定を出した三人の裁判官のうち、安廣文夫判事と竹花俊徳判事は、この事件以前にも、事件記録をきちんと読まなかったために間違った決定を出してしまい、あわててそれを取り消すという失態を演じたばかりであった。このため、袴田弁護団に所属する二人の弁護士が二〇〇四年九月、決定の出た二週間後に、東京高裁に対してこの二人の裁判官の懲戒申し立ての請求を、また裁判官訴追委員会に対しても、二人の訴追を請求した。

この二つの請求はあまり例のないことだが、裁判官の無責任で杜撰な決定に対する弁護人の怒りの大きさを表している。ちなみにこの二人の弁護士小川秀世さんと田中薫さんは共に河合事件の弁護人でもある。

この二つの請求状の中で、二人の弁護士は次のように主張している。

……弁護人は、捜査機関が味噌タンクに入れたとすれば、その時期は発見された昭和四二年八月三一日の直前であると主張してきたのであって、仕込み前に入れたなどと主張したことは全くなく（むしろ事件直後仕込み前に入れたとは考えられないと逆の主張をしていた）、記録上どこを見てもその様な記述は見当らない。要するに裁判官は、記録を見ないまま弁護人の主張を勝手に作り上げ、それを「荒唐無稽」と批判して、弁護人の主張を排斥しようとしたと考えるしかないのである。

二人の弁護人はこの他にも「棄却決定」の中にある問題点を三つ掲げているが、この中でわかりやすいものを一つだけ紹介する。これも相当杜撰である。

弁護団は、たった一本のくり小刀で四十カ所以上もの刺し傷を負わせることは到底不可能であるし、傷口が合わないものもあり、凶器は他にもあるはずだと主張している。しかし、裁判所の決定はその主張を退けている。

決定では、

「本件くり小刀は刃先が若干折損しているとはいえ、なお十分鋭利であって、その他の性状は何ら変りがない」

としている。これを読めば、誰もが、裁判官がこのくり小刀を実際に見て調べた上でこの決定を書いているとと思うはずである。しかし、実は、裁判官はくり小刀を見ないまま、想像でこの文章を書いていたのである。小川弁護士が怒りを込めて書いている。

「東京高等裁判所は、静岡地方裁判所が保管していた証拠物のうち、五点の衣類など一部を取り寄せたものの、くり小刀は取り寄せたことは全くない。つまり裁判官は証拠物である実物のくり小刀を一度も見ないまま、それを『なお十分鋭利であって、その他の性状は何ら変りがない』と判断したものである。」

本当だろうかと一瞬戸惑う。裁判官が証拠を見ずに、自分の想像だけで判決や決定を書いてしまうなどということがあるのだろうかと。しかし、あるのである。そして、それは少ないとはいえない。

請求状の中で小川弁護士らは、これらの具体例を掲げた上で、

「裁判は証拠に基づき法律を適用するものであり、判断の資料である証拠と記録を検討することは、裁判官が裁判をするに当って絶対に怠ってはならない職務である」

と強い調子で述べているが、これは考えてみればごく当り前のことを言っているだけである。しかし、その当り前のことができていないところに、裁判官に対する不信と怒りが表れている。

記録を読まない、証拠を見ない、というのは、裁判官自身の自覚的なサボタージュであり、「うっかりミス」のような過失による義務違反より責任が重い、と小川、田中両弁護士は言う。

三、逃げる裁判官　2

裁判官が記録をきちんと読まず、重大な判断のミスを犯した例はこれだけではない。冤罪裁判では多くの場合、その人の命や人生がかかっている。小さな事件なら構わないという訳ではもちろんないが、裁判官は自分の小さなミスや怠慢が一人の人生にどれほど重大な影響を及ぼしているかということに、心を致したことがあるだろうか。全ての裁判官がそうだと言うつもりはないが、「冤罪」では実にしばしばこうした間違いが起きている。そしてそれは、いつも、検察側にではなく弁護側に不利に働く。それゆえ、こうしたミスがうっかりミスではなく、故意によるものではないかと疑いたくもなる。また実際の裁判では、こうした間違いが弁護側から指摘されて訂正されたケースはない。間違いは間違いのまま残される。

今から紹介する冤罪、日野町事件でも、控訴審の裁判官の杜撰な判断ミスが訂正されないまま残っている。

実際には奪われていない金庫が、判決では奪われたことになってしまった。

弁護側はもちろん、検察側もびっくりするほどのミスだが、後に弁護側がそれを指摘したにもかかわらず、裁判所は一切これに耳を貸さなかった。その間違い自体にも驚かされるが、指摘されても動かない、その傲慢さにはあきれるばかりである。

一九八四年の暮れ、滋賀県日野町で立ち飲みの酒店を経営するおばあさんが行方不明になり、年が明けてから近くの造成地で死体で見つかった。その後、奪われた手提げ金庫も山の中で見つかり、警察は強盗殺人事件として捜査したが難航し、いったんは迷宮入りかと思われた。しかし、三年後、常連客だった阪原弘さん（当時六〇歳）が犯人として逮捕された。

当時滋賀県警では、この事件の発生から半年後、有名な「グリコ森永事件」の犯人一味を捕り逃すという大失態を演じ、県警本部長が焼身自殺を図るという事態に発展した。このため滋賀県警内部では、警察の威信回復のために、その頃未解決だった重要事件についてはもう一度洗い直して、何が何でも犯人を捕まえなければならないという、異常な雰囲気があった。そういう状況の中での阪原さんの逮捕だった。

物的証拠はなく、「宴会に出席していた」というアリバイが長い月日をかけて警察によって潰されるなど、不自然な逮捕、起訴だったが、第一審は「虚偽のアリバイを主張し続けるのは犯行を隠すために他ならない」として、無期懲役を言い渡し、控訴・上告も棄却された。

「裁判官のミス」は控訴審判決の中で起きた。その「ミス」を紹介する前に現場の状況を説明しておく。

殺されたおばあさんの家には、三つの金庫があった。

第一は店に続く畳の間に置いていた手提げ金庫。いつもおばあさんが手元に置いており、その日の売り上げ金などが入っていたが、犯人はこれには手を付けていない。三千円の現金がそのまま残っていた。

第二は別棟の六畳間にあった大型の据え付け金庫。これは普通では持ち運ぶことができず、事件にも関係ない。中にあった二九万円はそのままで盗られていなかった。

第三は別棟奥の十畳間の押し入れにしまってあった手提げ金庫。親戚などの証言から、この金庫には現金ではなく、証書類が入っていたことがわかっている。おばあさんは旅行などの時にはこの金庫だけを親戚に預けたという。重要なものが入っていたということがわかる。

犯人が奪ったのはこの第三の手提げ金庫のみで、現場の状況から見れば、初めからこの金庫を狙っていたと想像できる。事件後、山の中に捨てられていたのは、この第三の手提げ金庫であった。こじ開けられ、中は空だった。

これだけ明白に事実関係がわかっているにもかかわらず、裁判官は、奪われた第三の手提げ金庫と手付かずのまま現場に残っていた第一の手提げ金庫を完全に取り違え、取り違えたまま自らの推測を語っている。

その部分を原文のまま紹介する。

被告人は現金の客が支払った金については、本件手提げ金庫の中に、金の出し入れをしていた事を知っていたので、酒を飲みながら被害者と雑談をしている時、被害者の横に置いてある手提げ金庫を見て、当夜も集金した酒代等が暮れの事でもあり、五十～六十万円位の金が入っていると思い、急に金が欲しくなったと、自白しているのであるから、レジスターなどに関心がいかず、本件手提げ金庫に主たる関心が向いたとしても不自然ではない。

くどいようだが、裁判官の言うこの本件手提げ金庫とは、店に続く畳の間に置いてあり、手付かずのまま残っていた、事件とは何の関係もない第一の金庫のことなのである。

普通ではこんな間違いは起こり得ない。記録を全く読まなかったか、斜め読みしていたかのどちらかだ。法廷でも弁護人や検察官や証人の話を全く聞いていなかったのだ。「手提げ金庫」という文字が一緒だから間違えたということだろうが、この二つの手提げ金庫は実際には色も全く違い、置かれていた場所も、目に付きやすい店続きの上がりかまちと別棟の奥の間の押し入れの中という具合に、全く違う。

この判決が読み上げられた時、二人の弁護人はとんでもない間違いにあ然として、法廷でお互いに顔を見合わせたそうだ。当時この事件を担当していた山本啓二弁護士は、

「これは控訴審を受けていないというのに等しい。審級の利益を奪われているんです」と激昂している。

裁判官がこうした間違いを犯すのに一つだけ伏線があったとすれば、それは阪原弘さんの自白かもしれない。

阪原さんは警察に脅され自白に追いやられたが、その中身は事実と合わないデタラメな内容が多かった。阪原さんは、「奪った金庫の中には五万円位のお金があった」と自白している。実際に奪われた第三の金庫には現金はなかったはずだと親戚や関係者が証言しているにもかかわらずだ。一方、奪われたこの金庫の中にあったはずの証書類については、自白は一言も触れていない。この自白が二つの手提げ金庫を混同する原因になった可能性はある。

しかし、本来ならこの自白のデタラメさこそ、阪原さんの無実を証明していると裁判官は気付くべきだったのだが、そうはならなかった。

この自白のデタラメさは重要な示唆を含んでいる。

つまり警察は捜査の始まりから、この事件を「金欲しさの発作的な犯行」と考えていた。その結果、阪原さんに対してもそうした内容の自白を押し付けたのである。

金庫の中になかったはずの現金を、「取った」と阪原さんに言わせた。

しかし本当の犯人が狙ったものは（売り上げ金の入っていた第一の手提げ金庫でもなく、かなりの現金の入っていた第二の据え付け金庫でもなく）、一番わかりにくい所にあった第三の手提げ金庫だったのである。犯人はおばあさんを殺害した後、奥の間の押し入れの中にあったこの金庫まで、わき目もふらず突き進んでいる。犯人はこの金庫の中にどのような証書類が入っていたかをよく知っていた人物だと言うことができる。

警察は最初から犯人像を見誤っていたのだが、裁判官がそれに気付けば、この冤罪もまた防げたはずである。

蛇足だが、殺人事件の審理は三人の裁判官の合議制である。

この裁判では、田崎文夫裁判長、久米喜三郎裁判官、小倉正三裁判官が担当した。普通は一番若い裁判官が起案し（判決文を書き）、それを二番目の裁判官がチェックして、最後に裁判長がそれに朱を入れる。あるいはもっと大幅に書き直したりすることもある。

しかし、三人の裁判官の誰一人として、このミスに気付かなかったのである。

弁護人が、「裁判を受けなかったのも同様」と言った気持ちがよくわかる。

そのような杜撰な法廷で裁かれる人の無念さを思うと言葉もない。

裁判官のあきれるミスについて書いたが、この日野町事件の裁判では、もう一人、とんでもない裁判官がいた。これは「ミス」ではない。「確信犯」である。

それは第一審での出来事だった。

大津地方裁判所で審理は続いていたが、検察は弁護側の追及に対し、犯行の全体像を正確に説明できずにいた。犯行の場所も、店の中なのかそうでないのか、また犯行時刻さえ特定できずに苦慮していた。そんな状況の中で、検察は突然「予備的訴因の追加」を裁判所に申請した。

「訴因」とは、簡単に言えば〝犯罪の事実〟のこと、検察がその裁判の中で被告人がやったのだと立証しようとする、その内容のことである。刑事訴訟法には、

……訴因を明示するには、できる限り日時、場所及び方法を以て罪となるべき事実を特定して、これをしなければならない

と規定されている。阪原さんが犯人だというなら、いつ、どこで、どんな方法で殺害したのかということを検察はきちんと示さなければならない、と法律は言っているのだ。にもかかわらず、それが曖昧だと弁護側から追及されているその時期に、「予備的訴因の追加」が行われた。当然もっと具体的に犯行の時刻や場所が示されるのだと誰もが考えた。しかし、違った。その内容は弁護側を驚かせた。

犯行の場所や時間を絞り込むのではなく、逆に「店舗内及びその周辺」などと、場所や時間をさらにぼかしてしまう内容であった。これでは有罪判決が出る訳がない。

弁護側は検察が敗北を覚悟したものと予想したが、実はそうではなかった。下された判決は、無期懲役だった。

弁護側には納得のいかない不可解な判決だったが、その理由は、間もなく判明した。一審判決の出たあとで、毎日新聞がスクープ記事を出した。

裁判官が検察誘導
「有罪」前提に？ 訴因追加（九六年三月二一日付）

この記事によれば、事件を担当していた裁判官が検事に対し、法廷の外で、弁護人には秘密にして、サジェスチョンを与えていた。この結果、検察は「訴因の追加」を申請し、裁判所はこれを受けて有罪判決を出したのだという。

検察は正確にいつ、どこで、犯行が行われたのかということを立証できない。立証できないということは、そもそも起訴に問題があったということに他ならないのだが、できないならば、それをぼかしてしまえば立証の必要もない。そうすれば裁判所としても有罪判決を出せる。そういう考え方自体が異常だが、事もあろうに裁判官が検察官に対してこのようにサジェスチョンをしていたのだ。

これはもう裁判官とは言えない。弁護人だった玉木昌美弁護士は怒り心頭である。

「裁判所が今のままでは有罪判決が書けないということで、担当検察官を呼び出して、公訴事実をぼかすように言った訳ですよね。検察官としては不本意だけれども、有罪判決をもらえるのであればということで、予備的訴因を追加しました。殺害した時刻もわからない、金庫を奪った時間もわからない、場所も日野町なのかそれ以外なのかもわからない。こういった内容の予備的訴因の追加が行われた訳です。したがってもしその訴因の追加がなければ無罪判決をしなければならなかった訳ですから、有罪判決をするために裁判官と検察官が相談をしたということになる。これは、とんでもないことです。」

違法とも言えるサジェスチョンを与えていたのは、当時大津地裁の坪井祐子裁判官、その助言を受け入れたのは、西浦久子検察官。

新聞記事の中で、専修大学の庭山英雄教授（刑事訴訟法）は、

「こんな曖昧な予備的訴因の追加をすれば公訴棄却となるのが普通。それを裁判官が法廷外で勧めていたとすれば、全く訴訟指揮のルールを外れており、憲法三七条一項の裁判所の公平性、公開性に反する。大体殺害場所をこんなに広く認定した判決自体がいい加減だ」

と語っている。

こんな裁判官ばかりでは冤罪がなくなるはずがない。

最高裁判所の中に事務総局という部署があり、ここに三十人を超える調査官と言われる人たちがいる。この人たちは、司法試験を通り、判事となり、裁判所で働いているにもかかわらず、法廷には出ない。「裁判をしていない裁判官」と言われている。事務総局という部署でありながら、いわゆる事務をする訳ではなく、一般の企業で言えば経営戦略室とか企画室に該当し、出世コースの一つと考えられている。

最高裁判決の判決文も、実際にはこの調査官が書いていると言われるほどで、下級審に対して強い影響力を持ち、それぞれの裁判所が出した判決の解説や評価も、この調査官が行っている。日本の裁判システムの上に立つ頭脳であり、司令塔でもあると本人たちは考えている。

その意味では、裁判所もまた、上下関係の厳しい一つの役所であり、会社であり、裁判官は決して独立して判決を書いている訳ではない。「自らの良心にだけ従う」べきはずの裁判官だが、実際には手かせ足かせの中で判決を下している。

無罪判決が出にくいのも、再審請求に対していつも後ろ向きの判断が下されるのも、実は、こうした目に見えない拘束の中に裁判官が置かれているからだと言われている。

「再審請求をむやみに認めることは、司法の尊厳を損う」というがごとき論調の出所を辿っていくと、必ずこの最高裁事務総局に行き着く。そしてその論調が、個々の裁判官をがんじがらめに縛っている。

「いい判決は定年間近の裁判官しか書かない」と言われるのは、悲しいかな、冗談ではなく本当のことなのである。

おわりに

河合さんの再審請求の申し立てはされたが、本当の闘いはこれからだ。まさしく「開かずの扉」をこじ開けるための長い道のりが待っている。

一九四九年から施行された新刑事訴訟法の中で、再審については、第四三五条にその規定がある。その中には再審を請求することのできる条件がいくつか掲げられているが、その中心となるのが、「無実を言い渡すべき明らかな証拠を新たに発見した時」という一項である。施行後しばらくの間は、この条文を非常に厳しく解釈したために、再審請求はあってなきがごとき制度だったが、一九七五年に白鳥事件に対して最高裁が出した決定が、この条文に生命を吹き込んだと言ってもいい。白鳥事件そのものについてはここでは割愛するが、最高裁はこの決定の中で、再審についての基準を示した。

それは、簡単に言えば、次のようになる。

従来は、例えば真犯人が現れるとか、その証拠のみで「無実」が明白であるような場合にしか、再審は開始されなかった。しかし本来刑事訴訟法では、「有罪判決を下すのに少しでも疑いの余地があるならば、無罪にしなければならない」というのが、その理念である。そして、この白鳥決定は、再審を開始するかどうかについても、この原則に従うべきだとした。再審請求によって提出された新しい証拠が、原判決で裁判所が認定した事実に疑いを生じさせたのなら、再審を開始すべきだ、としたのである。

この白鳥決定を受けて、その後一九八〇年代には四人の死刑囚が再審請求によって次々に無罪判決を受けた。それは再審請求という制度が十分に生かされた一時代であったと同時に、日本の裁判にはこれほど「冤罪」が多いのかということを人々に教えることにもなった。

そのために、その後司法の世界では、その揺り戻しとも言うべき事態に陥った。

先ほども述べたが、「むやみに再審を認めることは司法の権威を汚すことになる」とか、「ゆるやかすぎる再審制度の運用は我が国の三審制の放棄につながる」という主張が、それである。なかには、ある裁判官は再審請求の多さに憤慨して、「我々はそれほどバカじゃない」と言い放ったという、冗談か本当かわからない話も伝わっている。

しかし、それらの主張は、いずれも的外れで間違っている。

冤罪によって侵される生命や人権と司法の権威とを天秤にかけるような人間に、法律を語る資格はないと筆者は考えている。また、三審制がまともに機能していないからこそ、冤罪に苦しむ者は、再審に頼るしかないのである。

再審は今「冬の時代」と言われている。最近の再審請求に対する棄却決定を見ていると、裁判所は白鳥決定以前に戻ろうとしているのではないかと、多くの人が危惧している。

しかし、真実を見極める裁判が時代の風潮や政治的な立場によって左右されてはならない。「冬の時代」という物言いそのものが、適切ではない。

「私は殺していない」——河合さんの真実は一つである。裁判所がそれを認めるまで河合さんは決して歩みを止めないだろう。

あとがき――国家は決してその責任は取らない

河合利彦さんが東京高裁に再審を請求してから一年余りが経った。これまでの経過を手短かにお伝えする。

再審請求の翌年、〇六年一月二七日に日本医科大学・大学院、法医学分野の大野曜吉教授の証人尋問が行われた。弁護団の提出した新証拠の中心となる鑑定書を書いた大野教授は、この尋問でも、死亡推定時刻は、事件当日の午前四時から六時頃である、と答えた。

つまり、この証言は、事件が発生したのは、河合さんが家を出た午前三時半より後になる、だから、河合さんは事件が発生した時そこにいなかった、と間接的に言っており、河合さんのアリバイを立証することになる。

裁判官が、まず始めに大野教授を証人尋問することにしたのも、この事件の鍵を「アリバイ」だと考えているからだと、弁護団は推測している。

ついで三月一〇日には、事件発生時に、警察の嘱託を受けて鑑定書を書いた、浜松医科大学の鈴木修教授に対する出張尋問が、大学の会議室を借りて行われた。

先の大野鑑定が、鈴木鑑定を完全に否定していることから、鈴木教授にも反論の機会を与えるべきだという裁判所の判断によるものだ。

この尋問で鈴木教授は、従来の自説である、前夜九時二〇分から当日午前三時二〇分まで、という死亡推定時刻をこれまで通り主張した。

ひとつの遺体について、まったく異なる二つの死亡推定時刻が提出されたのだ。千年二千年前のミイラを調査する考古学でもあるまいし、半日前に発生した事件の被害者を見て、なぜそれほどの差が出るのだろうか。法医学という学問がその程度のものなのか。あるいは請求人である河合さんが言う通り、「警察から事件を聞いた上で、先に結論を出してから、あとでそれに合う計算式を立てるんですよ」ということなのか。

繰り返しになるが、河合さんがA子さんの自宅を尋ねた午後九時から（途中で三時間程、二人で飲みに出かけているが）新聞配達のために河合さんがA子さん宅を出た午前三時半までを、ほぼそのまま死亡推定時刻として鑑定書に書くというのは、やはり奇妙と言わざるを得ない。わずか半日しか経っていない時点の解剖で、六時間もの幅を持った死亡推定時刻というのも意図的な臭いがする。個人的には河合さんの主張が正しいと考えている。

弁護団は、弁護側の提出した大野鑑定は最新の医学的知見に即したコンピュータ解析による手法を用いており、当然、大野鑑定が鑑定が採用されるべきだ、と主張しているが、〇六年五月に、検察は新たに、新潟大学の法医学分野の山内春夫教授による意見書を提出した。

山内教授の出した死亡推定時刻は、午前一時〇一分から午前三時二五分。大野鑑定を否定し、鈴木鑑定をも批判しつつ、時間帯をもっと狭めた結論で、検察にはもっとも都合のいいものになっている。

三者三様の結論。

「自分に都合のいい結論を書いてくれそうな学者を捜し、その意見書を唯、やみくもに出す、そんないい加減なことが許されるのか」

と弁護団は検察のやり方に怒り心頭だが、しかし、それこそが、検察の目論見とも言える。裁判官が、三通の鑑定結果を前にして、「死亡推定時刻とはそんなにいい加減なものなのか」という心証を抱くことになれば、河合さんのアリバイはやはり曖昧なまま宙に浮く。そうなれば、検察は、弁護団の出した最も大きな新証拠を、潰した、とまでは言えないまでも、大きく減点させることに成功したということになる。

今、私が原稿を書いている〇六年七月時点までの経過を振り返った。

八月には、山内教授に対する証人尋問が予定されている。弁護人と検察官の攻防はまだまだ続く。冤罪を晴らすまでに一体何年かかることだろう。

河合さんは刑務所の中から無実を訴え続け、出所したその日に、

「再審請求をします」

と記者会見で宣言した。

弁護団会議で発言する最近の河合さん

河合さんは当時は一年か長くても二年位で自分の冤罪は晴らされ、新しい人生を始めることができると確信していた。しかし、出所の日からもう六年余りが経った。そしてこの先何年掛かるのか、誰にもわからない。

今、国が推し進めている司法制度の改革では、裁判の迅速化がその柱になっているが、裁判所自身の間違いを糺《ただ》すような再審請求の審理については、そんな考えは毛頭ないようだ。その上、最近の例を見ても分かるように、事件から四四年

で再審開始決定の出た「名張毒ぶどう酒事件」（〇五年四月、名古屋高裁）、事件から三九年目にして再審開始決定の出た「布川事件」（〇五年九月、水戸地裁土浦支部）、それぞれに検察が異議申立、抗告をしたために、請求人の冤罪が晴らされるまでには、さらに長い年月が費やされることになる。悪あがき、としか言えない。いい加減にしろ、と叫びたくなる。

冒頭に書いたことを、怒りを込めて、最後にもう一度書こう。

「冤罪はその人の人生を根こそぎ奪う。そして、国家は決してその責任は取らない。」

参考文献

平田友三『全員無罪――122人の選挙違反事件を追う』ぎょうせい、一九九二年刊
伊佐千尋『舵のない船――布川事件の不正義』文藝春秋、一九九三年刊
伊佐千尋『司法の犯罪』文春文庫、一九九一年刊
秋山賢三『裁判官はなぜ誤るのか』岩波書店、二〇〇二年刊
内藤道興『あなたはやっていない――法医鑑定医五十年の経験から』(株)STEP、一九九九年刊
再審・えん罪事件全国連絡会編『えん罪入門』日本評論社、二〇〇一年刊

里見繁（さとみしげる）
1951年生まれ。東京都立大学法学部卒業。テレビ報道記者を経て、30歳からはテレビドキュメンタリー一筋。
主な作品は、
・映像90「ガンを生きる」（95年民間放送連盟賞教養番組部門・最優秀賞）
・映像01「出所した男」（02年芸術祭テレビドキュメンタリー部門・優秀賞、民間放送連盟賞報道番組部門・最優秀賞）
・他に、日本ジャーナリスト会議賞、地方の時代賞、ギャラクシー賞など。また、冒険家・植村直巳の南極探検への同行取材や、「よみがえるマヤ」「巡礼・世界の聖地」など海外取材番組も多い。
現在、大阪毎日放送・報道局勤務。

自白の理由
冤罪・幼児殺人事件の真相

2006年 9月30日　第1刷発行

著　者　里　見　　繁

発行人　深　田　　卓
装幀者　藤　原　邦　久
発　行　㈱インパクト出版会
東京都文京区本郷2-5-11 服部ビル
Tel03-3818-7576 Fax03-3818-8676
E-mail：impact@jca.apc.org　http://www.jca.apc.org/~impact/
郵便振替　00110-9-83148

モリモト印刷